羅金——著

只有衝出來的精彩，沒有等出來的輝煌

目錄
Contents

Part 1　你想要去哪裡？

「請你告訴我，我該走哪條路？」
「那要看你想去哪裡？」貓說。
「去哪兒無所謂。」愛麗絲說。
「那麼走哪條路也就無所謂了。」貓說。
——《愛麗絲夢遊仙境》

Part 2　給自己按個讚

總是掛在嘴上的人生，就是你的人生；
人總是很容易被自己說出的話所催眠。
我多怕你總是掛在嘴上的許多抱怨，
將會成為你所有的人生。
——竹久夢二《出帆》

目錄
Contents

Part 3　你是我輸得起的明天

我確信生活就是一連串的嘗試和失敗。
我們只是偶爾獲得成功。
重要的是要不斷嘗試，勇於冒險。
——玫琳凱

Part 4　世界從不虧欠努力的你

我不敢在家休息，因為我沒有存款。
我上班不敢偷懶，因為我沒有成就。
我不敢說生活太累，因為我只能靠自己。
——網路勵志名言

目錄
Contents

Part 5　慢慢來，讓靈魂跟上來

我們每個人都有自救的力量，這個力量就來自清醒的自我。
優雅地解開生活中的每個結，讓心靈自由翱翔。
如果你願意接受生活的禮物。
——暢銷書作家、瑜伽、冥想大師邁克・辛格

前言

1

有句話說：「你有理由等待美好事物的來臨。」

於是，在生存和夢想間，你開始了一場漫長的等待。

十八歲讀大學，你說理想是去環遊世界；

廿二歲大學畢業，你說等工作以後再去；

廿六歲工作穩定，你說等買了房子以後再說；

三十歲有車有房，你說等結婚了再帶老婆一起去；

三十五歲有了小孩，你說等孩子大一點再去；

四十歲孩子大了，你說安頓好老人再去；

……

最後，你哪兒也沒去。

然後你終於發現，人生不是過完一輩子要到達的某個終點，也不是整裝待發、準備起程的某個起點，我們一直在路上，旅途的每一步都是人生，當下的每一秒都是「最合適」的時候。

所以，生命何須等待?!

2

傳說能爬上金字塔頂端的只有兩種動物，一是飛鷹，二是蝸牛。

飛鷹掠過金字塔只需短短幾秒的勇氣，而蝸牛卻需要耗盡一生的光陰。牠們走走停停，牠們不像老鷹那樣凶猛恣意，可是牠們所需要的勇氣一點也不比老鷹少。

或許最後一刻，蝸牛[12]都沒有觸摸到金字塔的頂端，或許牠行到一半卻又折返，在路上的牠跟出發前的牠，已經不一樣了。

正視住在你心裡的虛榮心、好勝心和不甘心；並且勇敢地和人生真相短兵相接吧，在你僥倖逃離、蒙混過關時、一時怯懦錯失時，請用意志和希望把自己重新拉回到一條更值得堅持下去的路上。

3

終於，你明白生命只有走出來的精彩，沒有等出來的輝煌。

於是，你從前受到一點質疑就忙著掉轉方向，現在學會了堅定的前行。

你明白了人是會變的，不是越來越容易妥協，而是越來越有韌性；不是看多了苦難越來越麻木，而是因爲苦難而產生了悲憫；不是看多了不公而越來越憤怒，而是因為現實而保持清醒。你要用閱歷來滌蕩你的赤子之心，爭取改變而不是抱怨，嘗試懂得而不是教訓。

終於，你不計成本，不顧他人眼光，按照自己真實的意願去活。哪怕已經看到了彼岸，哪怕聽見了觀眾席上的鼓掌，哪怕筋疲力盡很想入港，可是當你知道那不是自己要的岸時，你還是會掉頭，往苦海裡去。

本書分五部分，與生活對談，與生命對視，讓你在紛繁複雜的生活裡成長，在不可控的日常裡把握自己——你改變不了世界，但能改變你自己。只有卸下日積月累的包袱，腳踏實地，才能奮力一搏，才能品味到成功的甘甜。

希望每一個閱讀本書的年輕人放開手腳，大幹一場！

Part 1
你想要去哪裡？

「請你告訴我，我該走哪條路？」
「那要看你想去哪裡？」貓說。
「去哪兒無所謂。」愛麗絲說。
「那麼走哪條路也就無所謂了。」貓說。
——《愛麗絲夢遊仙境》

第一章
迎風向前，賜你理由再披甲上陣

1 沒有方向，什麼風都不是順風

古羅馬原是義大利的一個小城邦，西元前三世紀，羅馬統一了整個亞平寧半島。西元前一世紀，羅馬城成爲地跨歐亞非三洲的羅馬帝國的政治、經濟和文化中心。

羅馬帝國爲了加強其統治，修建了以羅馬爲中心，通向四面八方的大道。據史料記載，羅馬人共築硬面公路八萬公里，這些大道促進了帝國內部和對外的貿易與文化交流。

西元八世紀起，羅馬成爲西歐天主教的中心，各地朝聖者絡繹不絕。據說當時從義大利半島乃至歐洲的任何一條大道開始旅行，只要不停地走，最終都能抵達羅馬。英語中有一句名言便是：條條大路通羅馬。

事實上，無論從哪條路走，我們都可以走很遠。關鍵是，我們到底要到哪裡去。

有句話說得很好，「沒有方向，什麼風都不是順風」，一個人沒有自己的理想和奮鬥目標，那他的人生是低迷的、消沉的，他會覺得活著沒有意義；相反，如果一個人有自己的理想和奮鬥目標，他會整天精力旺盛地爲之奮鬥，會覺得活著真好。

人生是漫長的，要知道自己身處何處，需要我們樹立奮鬥目標和執著的信念，並去奮鬥、去追尋、去拼搏。

美國財務顧問協會的前總裁路易斯．沃克曾接受一位記者就有關穩健投資計畫基礎的訪談。

他們聊了一會兒後，記者問道：「到底是什麼因素阻礙了你無法成功？」沃克回答：「模糊不清的目標。」記者還是不怎麼明白，請沃克進一步解釋，他說：「我在幾分鐘前就問你『你的目標是什麼？』，你說希望有天可以擁有一棟山上的小屋，這就是一個模糊不清的目標，問題就在『有一天』不夠明確，因爲不夠明確，成功的機率就會很小。如果你真的希望在山上買一間小屋，你必須先找出那座山，找出你想要的小屋現值，然後考慮通貨膨脹，算出五年後這棟房子值多少錢；接著你必須決定，爲了達到這個目標，每個月要存多少錢。如果你真的這麼做，你可能在不久的將來就會擁有一棟山上的小屋，但如果你只是說說，夢想就絕對不會實現。夢想是美麗的，但沒有配合實際行動計畫的模糊夢想，則只是妄想而已。」

有了明確的目標，才會為行動指出正確的方向，才會在實現目標的道路上少走彎路。盲無目標地飄蕩終歸會迷路，而你心中那座無價的金礦，也因不開心而與平凡的塵土無異。

事實上，漫無目標或目標過多，都會阻礙我們前進。有了明確的目標，會使我們產生積極性，你給自己定下目標後，它就是努力的依據，也是對你的鞭策。隨著不斷實現的目標，你會不斷產生成就感，在努力的過程中，你的想法和工作方式也會漸漸改變。

成功者都會為一個具體而明確的目標全力以赴，竭盡所能。

那些有具體而明確目標的人，才會時時受人尊敬和注目，才會成就偉大的事業；而那些沒有明確目標的人，有時連馬路也過不了。這就是生活中的一項真理。

有人說：我希望我的工作和別人一樣，既輕鬆又能拿到很豐厚的薪水，並且買一棟好房子，還要有一輛好車，這就是我的人生目標。這樣設置人生目標，彷彿跑到航空公司裡說：「我要買一張機票。」除非你說出你的目的地，否則人家無法賣票給你。

許多人埋頭苦幹，卻不知道為什麼要這樣做，這樣做是為了什麼，盲目地去做，到頭來發現追求成功的階梯搭錯了邊，卻為時已晚，因此我們務必掌握真正的目標，並擬定目標的過程，澄明思慮，凝聚繼續向前的力量。

2 唯一不變的，是航行的目的地

無論是在生活中還是在工作中，你都應該清楚你的目的和目標。這話聽起來非常簡單，但是，在實際的生活和工作中，要做到卻不容易，我們必須學會尋找我們人生的航向。

有一項著名的調查，是關於目標對人生影響的。

調查對象是一群智力、學歷、環境等條件相差不大的年輕人，調查結果顯示：百分之廿七的人沒有目標；百分之六十的人目標模糊；百分之十的人有清晰但很短期的目標；百分之三的人有清晰且長期的目標。

廿五年追蹤研究的結果顯示，他們的生活狀況及分佈截然不同。

那些占百分之三有清晰且長期目標的人，廿五年來幾乎從來沒有更改過自己的人生目標，這些人爲了實現自己的目標一直不懈地努力著；廿五年後，他們大多成爲社會的頂尖成功人士，其中有不少是白手起家的。

那些占百分之十有清晰但短期目標的人，大部分生活在社會的中上層。他們共同的特點，就是他們不斷實現他們的短期目標，他們成爲各行各業不可或缺的專業人士，如律師、醫生、工程師、高級主管等。

而占百分之六十沒有明確目標的人，幾乎都生活在社會的中下層，他們有安穩的生活、工作，但沒有什麼特別突出的作爲。

剩下的百分之廿七是那些長期以來沒有目標的人，他們多半生活在社會的底層，生活很不如意，常常失業，經常靠社會救濟才能維持生活。他們也經常抱怨他人，抱怨社會，抱怨世界不公平。

看了上面調查，大家應該看到一個明確的目標對一個人的一生有多麼重要的影響。

想要有明確的目標，下面談到的三個方面就需要注意。

❶把模糊的夢想變成清晰的目標

是什麼因素使很多人追求成功卻無法成功？絕大部分的人認爲是他們的目標不明確。要想管理好自己的時間，要想有力地控制自己的人生軌跡，就要明確具體地制訂自己的目標，不要讓自己的目標停留在模糊的夢想狀態。

❷用自己的特長選定目標

明確自己的奮鬥目標，首先目標要可行，每個人有每個人的實際情況，有自己的特長、優勢，也有自己的弱點；因此，確定自己的奮鬥目標時，應該要根據自己的實際情況、特長設定目標。

❸設定的目標要有連貫性

一個人不但要有明確的目標，而且要把長遠的目標分成階段性的目標，使自己在奮鬥過程中看到希望，能夠保持熱情，保持自信，持之以恆地向前走，更快更好地實現目標，而不會因爲距離目標太遙遠、看不到成功的希望而心生疲憊甚至放棄。

如果我們仔細分析航海者的圖表，就會發現航程從出發點到終點站，路徑並不是一條直線，而是一條彎曲的線。船長必須時時掌握船隻前進的方向，以免船隻因爲水流、風向等外力影響而偏離航道。

在大海中航行時，唯一不會改變的就是航行的目的地。人生彷彿就是大海中的航船，很少有一帆風順的時候。因此，我們追求的最佳目標不應該是最有價值的那個，更不應該是最輝煌或自己最喜歡的那個，而是對我們的實力而言最有可能實現的那個。

著名的成功學大師謝利德・文森說過一句很深刻的話：「如果沒有一絲成功的希望，屢屢試驗是愚蠢的、毫無益處的。」因此，目標要適當、合理、正確。

有時候人們的失敗，不是他們沒有能力，沒有機會，而是定錯了目標。他們一味地堅持，甚至到了頑固的地步，而成功者則會避免這種不切實際的堅持，時刻以一種冷靜客觀的方式檢查自己在追求目標方面是否過於固執。

你應該做到審慎地運用智慧，作最正確的判斷，選擇正確方向，同時別忘了及時檢視目標的方向，適時調整自己的目標和策略，放下無謂的固執，冷靜地用開放的思路作出正確的抉擇。每次正確無誤的抉擇都將指引你走向通往成功的坦途。

3 選準路就走，別退回來兜圈

許多年輕人總對自己的生活感到不滿，時常覺得很煩躁，他們對於人生的目標舉棋不定。不知道你是否有過諸如此類的困惑。

約翰是一家廣告公司的小職員。剛到公司上班時，約翰很勤奮，很快就掌握了工作技巧，做起事來得心應手，每天大約只用一半的時間就能完成老闆交代的工作。空閒的時間一多，他便想起自己學生時代曾寫了一半的長篇小說——一直以來，當個小說家是他的眾多夢想之一。於是在空閒時，他便繼續他的文學創作。

有一天，老闆發現了他的秘密，這令約翰很不安，但老闆並沒有因此批評他，而是與他進行了一次開誠佈公的交談。

老闆很溫和地問他：「我看過你的小說，寫得很不錯呀！但是我希望你能和我說說，對人生，你有什麼樣的規劃？」

這個問題早在五年前他就想過，所以他信手拈來，告訴老闆他的很多夢想，比如當一名作家、一名設計師、一個企業的高級管理者、一名出色的服裝設計師……

老闆很認真地聽完，沒有對此有任何評價，只是說：「給你講個故事。在森林裡，三條獵狗追趕一隻土撥鼠。情急之下，土撥鼠鑽進一個樹洞裡。這個樹洞只有一個出口。三隻獵狗就死守在樹下。過了一會兒，一隻兔子鑽出樹洞，飛快地跑，跑著跑著，爬到一棵大樹上。兔子很得意，在樹上嘲笑下面的三隻獵狗，結果得意忘形，一不小心從樹上掉了下來，砸暈了正仰頭看牠的三條獵狗，兔子便趁機逃掉了。想一想，這個故事有什麼問題？」

約翰認真地思考後說：「第一，兔子不會爬樹，第二，一隻兔子不可能同時砸暈三條獵狗。」

老闆笑著說：「分析得不錯，可是，最重要的問題——土撥鼠哪兒去了？」

約翰恍然大悟：「是呀！怎麼把牠給忘記了！」

老闆說：「這隻土撥鼠就好像是你最初為自己設定的人生目標，顯然這個目標被你忽視了。想必你已經忘記當初剛進公司的時候，你曾信心百倍地說過一句話——『我要做一個出色的廣告人』，正是這句話打動了我，我才錄用你的。」

約翰這才明白老闆的用意。

老闆又補充說：「我相信你是廣告策劃方面難得的人才。我只是想提醒你，人的精力有限，要想做到面面俱到，是不太現實的；好好做你的廣告策劃，你會前途無量的。至於寫小說，搞設計，最好只當成業餘愛好，要記住，人生的目標不能太多，人這輩子若能把一件事做得出色，就已經是很大的成功了。」

此後，約翰便時常用這話來鞭策自己，兩年後，他終於升為廣告策劃總監。

一般情況下，人們對生活的迷失都是所要或所想的太多，而又一時達不到目標造成的。這種想法使很多人不能將精力專注於一項事業，他們總是目標過多，精力分散，手上做著這件事，心裏又想著那件事，最後什麼也做不好，還錯過了許多近在咫尺的成功機會。所以他們也快樂不起來，因爲他們永遠都不能實現自己的理想。

大凡成功人士，都是專注於一個目標。伊斯特曼致力於生產柯達相機，這讓他賺得盆滿鉢滿，也爲全球數百萬人帶來不可言喻的樂趣；比爾．蓋茲一心做軟體開發，終成世界首富……每天都花一點點時間問一下自己內心真正想要的是什麼，什麼才是自己最快樂最滿足的理想，慢慢地，你會發現那些遙遠不切實際的夢想和雜念都是你追逐美好生活的累贅，而那些離你最貼近的事物才是你的快樂所在。把精力集中在這些最讓你快樂的事情上，只要我們一次只專心地做一件事，全身心地投入，就一定會收穫更多的成功和快樂。

4 給自己「一分鐘的目標」

俄國著名作家列夫・托爾斯泰曾給自己確定了一個生活的準則，他強調：「人活著要有生活的目標：一輩子的目標，一段時間的目標，一個階段的目標，一年的目標，一個月的目標，一個星期的目標，一天、一小時、一分鐘的目標。」

當你有一個大目標時，一下子實現並不是那麼容易，所以你要化整爲零，將大目標分解爲小目標；把這一個個小目標實現了，那麼離大目標也就越來越近了。

一九八四年，在東京國際馬拉松邀請賽中，名不見經傳的日本選手山田本一出人意外地奪得了世界冠軍。當有人問他憑什麼取得如此驚人的成績時，他說了這麼一句話：憑智慧戰勝對手。

當時許多人都認為這個矮個子選手是在故弄玄虛，馬拉松賽是考驗體力和耐力的運動，只有身體素質好又有耐性才有望奪冠，爆發力和速度還在其次，說用智慧取勝實在有點讓人懷疑。

兩年後，義大利國際馬拉松邀請賽在米蘭舉行，山田本一代表日本參加比賽。這次，他又獲得了世界冠軍。有人又問他有什麼秘訣。山田本一回答的仍是上次那句話：用智慧戰勝對手。

在十年後，這個謎底終於被解開了，在他的自傳中，他是這樣寫的：「每次比賽之前，我都要乘車把比賽的線路仔細地看一遍，並把沿途比較醒目的標誌畫下來，比如第一個標誌是銀行；第二個標誌是一棵大樹；第三個標誌是一座紅房子……這樣一直畫到賽程的終點。比賽開始後，我就以百米的速度奮力地向第一個目標衝去，等到達第一個目標後，我又以同樣的速度向第二個目標衝去。四十多公里的賽程，就被我分解成幾個小目標輕鬆地跑完了。起初，我並不懂這樣的道理，我把我的目標定在終點線上的那面旗幟上，結果跑到十幾公里時就疲憊不堪了，我被前面那段遙遠的路程給嚇倒了。」

可見山田本一用的是分解目標這一智慧。這的確是一個很不錯的方法。在一個大目標面前，或許我們覺得我們根本無法實現目標，常常會因爲目標太遙遠和艱辛感到氣餒，甚至懷疑自己的能力。但在一個小目標前，我們卻往往會充滿信心地完成。

有些急功近利的人，一開始就給自己定下大目標，天長日久，當他發現目標離自己仍很遠時，就會產生自卑心理而放棄既往的努力，我們可以把每個大目標分成無數個可以實現的小目標，當你實現了每個小目標後，大目標也就離你不遠了。

有這樣一則寓言：一隻新裝好的小鐘放在兩隻舊鐘當中。兩隻舊鐘「滴答滴答」一分一秒地走著，其中一隻舊鐘對小鐘說：「來吧，你也該工作了，可是我有點擔心，你走完三千三百萬次後，恐怕便吃不消了。」

「天哪，三千三百萬次。」小鐘吃驚不已。「要我做這麼大的事？辦不到，辦不到。」

另一隻舊鐘說：「別聽他胡說八道，不用怕，你只要每秒鐘『滴答』擺一下就行了。」

「天下哪有這樣簡單的事？」小鐘高興地叫起來，「如果只要這樣做，那就容易多了，好，我現在就開始。」

小鐘很輕鬆地每秒鐘「滴答」擺一下，不知不覺中，一年過去了，它擺了三千三百萬次。

在人生的道路上，每一個人最初都有遠大的目標，可是最終實現的人有多少？半途而廢喪失信心的人又有多少？把大的目標分解，經常檢查自己實現目標的狀況，體驗實現目標的快樂，用這樣的方法，即使是遙遠的馬拉松，也可以跑得很輕鬆。

5 你敢或不敢，機會就在那裡

每個人成功的機會都是相等的，只不過是那些具備膽識、勇於挑戰的人比平常人善於把握罷了。很多人是在別人的不認可甚至是鄙夷中獲得成功的，要想獲得成功，我們就得打破常規，敢於走別人從未走過的路。雖然看起來有點兒危險，但成功往往就躲藏在危險的後面。

十九世紀中葉，美國人在加州發現了金礦，這個消息就像長了翅膀似的很快傳遍全美，並吸引很多人前來淘金。在通往加州的路上，每天都擠滿了去淘金的人。

在這些做著美夢的人當中，有一個叫菲力浦．亞默爾的年輕人，他年僅十七歲，是一個毫不起眼的窮人。

到了加州之後，他的「黃金夢」很快就破滅了：各地湧來的人太多了，茫茫荒原上擠滿了採金的人，吃飯、喝水都成了大問題。

剛開始，亞默爾也跟其他人一樣，整天在烈日下拼命地埋頭苦幹，一天都是口乾舌燥的。他曾經不止一次地聽到人說：「誰給我一碗涼水，我就給他一塊金幣！」亞默爾很快意識到，在這裡，水和黃金一樣貴重，可是大多數人都被金燦燦的黃金迷住了，沒有人想到去找水。亞默爾馬上下決心不再淘金，而是弄水來賣給這些淘金的人，賺淘金者的錢，因而大賺一筆。

我們不能因爲害怕而拒絕一切嘗試，要敢於抓住機會。如果一個人不願意冒險，不敢試著抓住停留在自己面前一晃而過的機會，那麼他就永遠不會成功。相反，如果一個人堅定信心，善於把握每一個機會，那麼他極有可能取得成功。

冒險不一定會成功，但是不冒險去嘗試一定不可能成功。人要想在人生的戰場取勝，機會是必不可少的，過度謹慎就會失去發展的大好機會，從而將屬於自己的市場拱手讓人。

「幸運喜歡光臨勇敢的人。」這是西方一條有名的諺語。它向我們說明了冒險與機會是緊密相連的。冒險是表現在人身上的一種勇氣和魄力，險中有夷，危中有利，倘若要創立驚人的戰績，就應該敢於冒險。

你敢或不敢，機會就在那裡。每一個人都應該成爲自己命運的設計師，上天是公平的，只有付出才有回報，只有進行勇敢地嘗試，機會才有可能來敲你的門。如果沒有把握機遇的意識，你只能在消極的生活中「熬」過一天又一天，直到自己老去。

6 馴服機遇的烈馬

機遇就像一個精靈，它來無影去無蹤，令人難以捉摸。如果你能在時機來臨之前就識別它，在它溜走前就採取行動，那麼你就能成功。每個人都渴望抓住機遇，因爲在某種意義上，機遇就是一種巨大財富，它對改變人生面貌具有巨大作用。

人要在有限的生命中創造出大事業，僅靠苦幹蠻幹是行不通的，要靠富有智慧的大腦，要靠犀利的雙眼看準時機並把握機遇，將它變成現實的財富。

要想抓住機遇，就必須具有識別機遇的眼光。我們處在一個充滿機遇的世界，隨時都有好機會出現在我們面前。但是，我們能不能認出它是一個好機會則是關鍵。

一天，貴族西格諾．法列羅的府邸正要舉行一個盛大的宴會，主人邀請了一大批客人。就在宴會開始的前夕，負責餐桌佈置的點心製作人員派人來說，他設計用來擺放在桌子上的那件大型飾品不小心弄壞了，管家急得團團轉。

這時，廚房裡幹粗活的一個小幫工走到管家面前怯生生地說道：

「如果您能讓我來試一試的話，我想我能造另外一件來頂替。」

「你？」管家驚訝並不屑地喊道，「你是什麼人，竟敢說這樣的大話？」

「我叫安東尼奧．卡諾瓦，是雕塑家皮薩諾的孫子。」這個臉色蒼白的孩子回答道。

「小傢伙，你真的能做到嗎？」管家將信將疑地問。

「如果您允許我試一試的話。」小孩開始顯得鎮定一些。

僕人們這時都顯得手足無措，於是管家就答應讓安東尼奧去試試，他則在一旁緊緊地盯著這個孩子，注視著他的一舉一動，看他到底怎麼辦。

只見這個小幫工不慌不忙地要人端來一些奶油。不一會兒工夫，不起眼的奶油在他的手中變成一隻蹲著的巨獅。管家喜出望外，驚訝地張大了嘴巴，連忙派人把這個奶油塑成的獅子擺到桌子上。

晚宴開始了。客人們陸陸續續地被引到餐廳裡來。這些客人當中，有威尼斯最著名的實業家，有高貴的王子，有傲慢的王公貴族，還有眼光挑剔的專業藝術評論家。當客人們望見餐桌上臥著的奶油獅子時，都不禁交口稱讚起來，紛紛認為這是一件天才的作品。他們在獅子面前不忍離去，甚至忘了自己來此的真正目的。結果這個宴會變成了對奶油獅子的鑒賞會。

客人們在獅子面前情不自禁地細細欣賞著，不斷地問西格諾，究竟是哪一位偉大的雕塑家竟然肯將自己的技藝浪費在這樣一種很快就會融化的東西上。法列羅也愣住了，立即喊管家過來問話，於是管家就把小安東尼奧帶到了客人們的面前。

當這些尊貴的客人得知面前這個精美絕倫的奶油獅子竟然是這個小孩倉促間做成的作品時，都大為驚訝，對這個小孩讚美有加。富有的主人當即宣布，他將出資為小孩請最好的老師，讓他得以充分地發揮他的天賦。安東尼奧孜孜不倦地刻苦努力，最終成為一名優秀的雕刻家。

成功者從來不會坐在家裡等待機遇的光顧，他們會走出去，在行動中尋找機會。雖然他們並不是每一次都能如願以償，但是他們嘗試的次數要遠遠多於那些做事猶豫的人，他們取得成功的機率自然也大得多。

機遇是烈馬而不是綿羊，它只會被強大而有力的人馴服。在現實生活中，我們發現了機遇，是否一定能抓住它並借此改變人生呢?未必!

所以，要想抓住機遇，就必須勤修自己的能力。

年輕的保羅．道密爾流浪到美國時，身上只剩下五美分，而且沒有一技之長。他所擁有的，只是一個發財的夢想。他非常清楚發財不能靠偶然的機遇，而要靠非凡的能力，他決心學會成為一個大老闆需要的各種技能。

剛到美國十八個月，道密爾就換了十五份工作。每份工作的性質都不同。對任何一樣工作，無論是機修工還是搬運工，他都認真對待，絕不馬虎。不過，一旦他完全掌握這項工作的技能，馬上就跳槽，他不願在自己熟悉的事情上浪費時間。

兩年後，一位老闆看中了他的才幹和敬業精神，決定把整個工廠交給他管理。道密爾沒有讓老闆失望，他把工廠管理得很好，收入也非常可觀。可是半年後，他突然向老闆提出辭呈，跳槽到一家日用雜貨廠當推銷員。他認為要成為一流商人，只有企業管理經驗是不夠的，還必須熟悉市場，瞭解顧客需求。推銷無疑是一份最接近顧客的工作，於是他放棄體面的職位和優厚的薪金，幹起了推銷員。

經過幾年修煉，道密爾對自己的才能充滿了自信。他用極低的價錢買下一家瀕臨倒閉的工藝品廠，經過一番整頓，很快使它起死回生，成為盈利狀況極佳的企業。

其後，他再接再厲，買下一家又一家破產的企業，並像個包治百病的神醫似的，使它們重煥生機。他的財富也像奔騰的河流一樣迅速飛漲。

二十年後，這位白手起家的青年輕輕鬆鬆邁入億萬富豪的行列。

在生活中，那些終生平庸的人有一種奇怪的想法：如果遇到很好的機會，我一定會做得很好。所以，他們老是哀嘆自己沒有機會。其實他們更應該問問自己，有沒有爲機會的到來做好準備？

機遇的意思就是：如果你做得很好，自然就會遇到很好的機會。任何一個好機會，都產生於超出常規的事件中，需要付出超常的努力以獲得超常的利益。它對我們習慣的工作方式、生活方式，甚至對我們認可的價值觀都可能是一個挑戰，我們需要以非常規的心態去看待它，並接納它。這就是抓住機遇的秘密。或者說，這就是成功的秘密。

7 你只是「看上去很忙」

要想成功，首先要量力而行，許多人好高鶩遠，終其一生也一事無成，因爲他們的精力都耗損在焦躁的期盼中，對要做的事情並未真正投入必要的精力，看上去很忙，實際上是「窮忙」「瞎忙」。因此，如果你好高鶩遠，那就犯了一個大錯誤。目標遠大固然不錯，但目標就好像靶子，必須在你的有效射程之內才有意義。如果目標太偏離實際，反而無益於你的進步。

常常可以聽到很多人哀嘆自己這輩子「心比天高，命比紙薄」，其中的原因，也許不是這些人真的「命運不濟」，而在於他們的「心比天高」。

一個人志氣高遠、壯志凌雲自然是好事，但是如果高得虛無縹緲，高得脫離了實際，那恐怕無論如何奮鬥，終其一生也不會實現，這樣的志氣就是空想、幻影。當美麗的「泡沫」破滅的時候，就難免要自哀自嗟「命比紙薄」了。

古籍《於陵子》裡講過這樣一個故事：

有一隻蝸牛志氣很大，想要成就一番驚天動地的大業，牠的目標是：首先東上泰山，估計得走三千年；然後南下江、漢，也得走三千年。而牠反觀自身，算了算只能活一天，於是這隻蝸牛悲憤至極，轉眼枯死在蓬蒿之上，徒留下笑柄而已。

做人應該有志氣，立大志，確定人生理想和目標；但並不是說可以完全不顧自身的實際和社會的需求，一味追求高遠。一個根本不可能實現的理想，只能是妄想空談，這樣的「志向」不但不能激發前進的動力，反而會挫傷你的鬥志，使人耽於幻想，一輩子一事無成，甚至自暴自棄，像那隻蝸牛一樣悲憤而死！

世界上大多數人都是平凡人，但大多數平凡人都希望自己這輩子能成爲不平凡的人，夢想成功，夢想才華獲得賞識、能力獲得肯定，擁有名譽、地位、財富。不過，遺憾的是，真正能做到的人，似乎總是少數，因爲他們都經意或不經意地陷進了好高騖遠的泥潭裡。

有些人做事情從來不考慮自己是否力所能及，於是作出了不切實際的決定，最終不是遭到失敗就是弄出荒謬可笑的事情來。對於根本不可能的事，還是不要癡心妄想的好。

人生雖有許多種力量，但實力是建設人生最重要的手段和最基本的力量。在奔赴成功的艱辛路途中，我們絕不能好高騖遠，我們需要的只有實力，唯有實力才能對人生的事業與理想起到幫助和推動作用，使人生增值。

好高騖遠者首要的失誤在於不切實際，既脫離現實，又脫離自身，總是這也看不慣，那也看不慣，或者以爲周圍的一切都和自己爲難；不能正視自身，沒有自知之明，是這類人的特徵。每個人都該掂量自己有多大的本事，有多少能耐，不要沾沾自喜於過去的那一點成績，要知道自己有什麼缺陷，不要以己之所長去比人之所短。

脫離了現實，便只能生活在虛幻之中；脫離了自身，便只能見到一個無限誇大的變形金剛。沒有堅實的基礎，只有空中樓閣、海市蜃樓；沒有切實可行的方案和措施，只有空洞的胡思亂想，這是造成好高騖遠的人生悲劇的前奏。最後只能一事無成。眼看著別人碩果累累，他空有抱怨、空有妒忌，就像那隻可憐的蝸牛。

「三百六十行，行行出狀元。」成功之路有千萬條，別人的成功之路，並不意味著自己也可以走，因爲人與人在興趣、能力等諸多方面千差萬別，每個人都有不同於他人的專長。有志者確立自己的奮鬥目標，一定要切合這個「自身實際」。

第二章 明天過得怎麼樣，取決於今天的你怎麼選

1 讓青春學會選擇

回首往事，人總是免不了有許多懊悔，發出「如果有來生，我……」的感嘆。這時候你抱怨的其實並不是命運，而是你當初的選擇，即使當初是另一種選擇，也許你仍會對現狀不滿、感覺不盡如人意。

人生沒有回頭的機會，在你匆匆的步履中，一些不起眼、不經意的選擇決定了你今天的命運。人的一生，選擇很重要。有時生活的好壞，

全憑你某一剎那的決定。

大學裡，期中考後的一天，一個同學因為各門功課都考得一塌糊塗，所以憂心忡忡，在哲學課上無精打采。他的異常引起了教授的注意，教授拿起一張紙扔到地上，請他回答這張紙有幾種命運？

那位同學一時愣住，好一會兒才回答：「扔到地上就變成了一張廢紙，這就是它的命運。」

教授顯然並不滿意他的回答，當著大家的面在那張紙上踩了幾腳，接著，教授又撿起那張紙，把它撕成兩半扔在地上，然後請那位同學再一次回答同樣的問題。

那位同學被弄糊塗了，紅著臉回答：「這下變成兩張廢紙了。」

教授撿起撕成兩半的紙，在上面畫了一匹奔騰的駿馬，而剛才踩下的腳印恰好變成了駿馬蹄下的原野。

教授舉起畫，問那位同學：「現在請你回答，這張紙的命運是什麼？」

那位同學的臉色明朗起來，回答：「您給一張廢紙賦予希望，使它有了價值。」

教授臉上露出笑容，他又掏出打火機，點燃那張畫，一眨眼的工夫，這張紙變成了灰燼。

最後教授說：「大家都看見了吧，起初並不起眼的一張紙片，我們以消極的態度去看待它，就會使它變得一文不值，我們再使紙片遭受更多的厄運，它的價值就會更小；如果我們放棄希望使它徹底毀滅，很顯然，它根本就不可能有什麼美感和價值了，但如果我們以積極的心態對待它，給它一些希望和力量，紙片就會起死回生。一張紙片是這樣，一個人也是一樣啊。」

一張紙片可以變成廢紙扔在地上，被我們踩來踩去，也可以作畫寫字，更可以折成紙飛機，飛得很高很高，讓我們仰望。一張紙片尚且有多種命運，更何況人類呢？命運如同掌紋，彎彎曲曲，然而無論它怎樣變化，永遠都掌握在自己的手中。

有人說：「我們老得太快，卻聰明得太遲。」人生漫長而又短暫，能夠決定一個人一生命運的，其實只是那麼幾步而已，而且也都是在一個人年輕的時候。當我們不會選擇的時候面臨選擇、有多種選擇；而當我們滿腹經綸、有能力選擇的時候，其實你已經沒有多少可以選擇的機會了。

有一個美國人，平常很愛喝酒，毒癮很大，脾氣也非常暴躁，他因為看不慣一個酒吧的服務生，就把人給殺了，然後被判終身監禁。

這個人有兩個兒子，老大跟他的老爸一樣，毒癮也很重，靠搶劫和偷竊為生，最後也被判終身監禁。

老二就不一樣了，他的家庭非常幸福美滿，有漂亮的妻子和孩子，是一家跨國公司的老總。同一個老爸，兩個截然不同的兒子，記者覺得很奇怪，分別採訪兩個兒子的時候問：「為什麼會這樣？」

他們的回答令人驚訝。因為兩個人的回答完全一樣：「有這樣的爸爸，我還有什麼辦法？」

因爲沒有辦法，這兩個孩子不得不作出人生的選擇，一人選擇不變，而另一個選擇了改變。成功是選擇的結果，墮落也是選擇的結果，每個人的前途與命運，都把握在自已的手中。

有人說：「人生就是一連串的抉擇，每個人的前途與命運完全把握在自己手中，只要努力，終會有所成。」

選擇生存是每一種生物體所具有的本能，連埋在地裡的種子也有這樣的力量。正是這種力量激發它破土而出，推動它向上生長，並向世界展示自己的美麗與芬芳。這種激勵也存在於人們的體內，它推動一個人完善自我，以追求完美的人生，一旦你有幸接受這種偉大推動力的引導和驅使，你的人生就會成長、開花、結果；反之，如果你無視這種力量的存在，就只能使自己變得微不足道，不會取得任何成就。

這種內在的推動力從不允許人們停息，它總是激勵著一個人爲了更加美好的明天而努力。

人的一生中要面臨的十字路口有很多，每一條路的盡頭都是我們未知的結果，所以一定要根據自身的價值取向，朝準一個方向，勇敢地邁出自己的第一步，讓青春學會選擇，讓選擇打造成功，讓成功引領人生。

2 現實無法改變，命運可以選擇

人的一生要做出很多選擇。如入學、找工作、交友、婚戀等，都要進行選擇。選擇與放棄是相輔相成的，選擇就意味著放棄，放棄同時也意味著選擇。

選擇，要做的是學會控制自我。在生活中，有太多插著鮮花的陷阱，面對這些誘惑或者威脅，只有把握住自己，才能做出正確的選擇。

縱觀歷史長河，有多少千古遺恨都是因爲一時無法自控。生活的不如意是客觀存在的事實，每個人都無法改變，至少暫時無法改變，但你可以選擇，選擇光明的世界，選擇美好的人性。畢竟，生活的選擇權掌握在自己的手上。

艾森豪年輕時，經常和家人一起玩紙牌遊戲。一天晚飯後，他像往常一樣和家人打牌。

這一次，他的運氣特別不好，每次抓到的都是很差的牌。開始時他只是有些抱怨，後來他實在是忍無可忍，便發起了少爺脾氣。

一旁的母親看不下去了，正色道：「既然要打牌，你就只能用你手中的牌打下去，不管牌是好是壞。要知道，好運氣不可能永遠光顧你！」

艾森豪聽不進去，依然憤憤不平。母親見他依舊氣呼呼的樣子，就開導他：「人生就和打牌一樣，發牌的是上帝，不管你手裡的牌是好是壞，你都必須拿著，你都必須面對。你能做的，就是讓浮躁的心情平靜下來，然後認真對待，把自己的牌打好，力求達到最好的效果。這樣打牌，這樣對待人生才有意義！」

母親的話有如當頭一棒，令艾森豪在突然間對人生有了直觀的感悟。此後，他一直牢記母親的話，並以此激勵自己去努力進取、積極向上。就這樣，他一步一個腳印地向前邁進，成為中校、盟軍統帥，最後登上了美國總統之位。

印度前總統尼赫魯曾經說過這樣一句話：「生活就像是玩撲克，發到手裡的是什麼牌是定了的，但你的打法卻完全取決於自己的意志。」沒錯，上帝發牌是隨機的，發到你手裡的會有好有壞，分到什麼就是什麼，沒有任何選擇的餘地和更換的可能性。

當你拿到不好的牌時，不要一味地抱怨，因爲抱怨對你沒有半點用處，現狀也不會因爲你的抱怨而有所改變。你能夠做的，或者說應該做的，就是如何調整自己的惡劣心情，將自己手中並不算好甚至還有點糟糕的牌優化組合，並力求把每張牌都打好。

提起潘石屹，幾乎無人不知，無人不曉。許多人都羨慕他的成功，但是他的成功也不是從天上掉下來的。

一九八一年，潘石屹以第一名的優異成績被石油學院錄取。一九八四年，潘石屹畢業後被分派到河北廊坊石油部管道局經濟改革研究室工作。在那裡，他的聰明和對數字天生的敏感博得了領導的賞識。

有一天，辦公室新來一位女大學生，她對分配給自己的桌椅十分挑剔。當潘石屹勸她湊合著用時，對方非常認真地說：「小潘，你知道嗎，這套桌椅可是要陪我一輩子的。」

就是這不經意的一句話深深地觸動了潘石屹：難道我這一生將與這套桌椅共同度過？正在思變的時候，他遇見在深圳創業的一位老師，他決定改變自己的命運。

一九八七年，潘石屹變賣自己所有的家當，毅然辭職，揣著八十元去廣東打工，後來去海南與朋友開公司，自己做老闆，開始了經商生涯。憑藉著個人努力，一九九三年，潘石屹在北京註冊了北京萬通實業股份有限公司，開始了在北京房產界的創新與創業，如今成為北京房產業的一顆新星。

一個人可以靠選擇來創造自己的命運。人的一生中充滿了大大小小的選擇，選擇不同，道路也會不同，魚和熊掌都是人們所喜歡的，但常常不能同時擁有，因此，你必須學會選擇。人生也一樣，面對繁複的世界，面臨各種各樣的選擇，你必須認準自己的方向和目標，才能做出正確的選擇。

只有學會選擇和懂得放棄的人，才能創造出美好的人生。

3 保持冷靜，做理智的選擇

現實生活中，我們會發現一些人之所以不能夠成功，並不是由於其智商不高，而是在於他們的內心不能夠達到「空」與「靜」的狀態，從而阻礙了他們做出正確的選擇。

傳說敘拉古的國王讓工匠做了一頂純金王冠，王冠做成後，國王疑心工匠偷去若干金子，而摻入了銀子和其他金屬，便命令阿基米德在不損壞王冠的情況下，查明王冠中是否摻入了其他金屬。

阿基米德苦苦尋找解決難題的辦法，但沒有什麼進展。他太累了，決定去洗個澡放鬆放鬆。他來到浴室，打開水，躺進浴盆裡，溫熱的水浸泡著他，他閉著眼享受著這份愜意的寧靜……

突然，他聽到嘩嘩的水聲，睜眼一看，浴盆裡的水已經滿到盆口正在往外溢。他趕緊從浴盆裡起來，看見水位立時低於盆口。這讓他忽然領悟到一個極其重要的科學原理。他欣喜若狂，連衣服都沒穿好就往王宮跑去，大聲喊著：「我找到啦！我找到啦！」

他發現了兩個原理：一是把物體浸在任何一種液體中，液體所排開的體積等於物體所進入的體積；二是物體所受到的液體浮力，等於所排出的液體重量。

阿基米德將與王冠等重的一塊金子、一塊銀子和王冠分別放在水中。金塊排出的水量最少，銀塊排出的最多，王冠在兩者之間，這證明了王冠中一定摻入了其他金屬。

在事實面前，工匠只得低下了頭認罪。

在這個故事裡，我們看到阿基米德在身心完全放鬆的情況下，排除了體外的一切干擾，讓思維保持淨空。這時，靈感產生了，以前理不清的事，突然清晰地出現在面前。

這是一種獨處靜思的方式，即讓大腦休息，獨處靜思，保持心靈的平靜，便能從紛亂的思緒中找出脫困的方法。

我們常看到有人遇到煩心事時便會說：「對不起，我要一個人待一會兒。」這樣的人是聰明的，他會通過獨處靜思使自己冷靜下來，以一種新的平靜的心態來重新看待所發生的一切。

我們也應該學會這個方法，並把它變成一種習慣。每天最好是抽出十幾分鐘、半個小時，找一個無人打攪的地方靜靜地沉思冥想，或者乾脆什麼也不想，閉上雙眼，深呼吸，當有雜念干擾我們的思緒時，輕輕地趕開它們，把注意力繼續放在自己的呼吸上，一遍一遍重複做。這時候我們心中的浮躁、焦慮、憂愁就會慢慢地離去。

天竺高僧菩提達摩在中國南朝梁代時，漂洋過海來到中國傳授禪學。他來到嵩山少林寺，寺中老僧對他並不熱情，達摩便在寺後的山上找到一個天然石洞，在蒲團上坐定，開始面壁修習禪定。

這一修煉就是九年。因面壁時間太長，達摩的身形竟映入石中，留下了「面壁石」的奇觀。

起初少林僧眾對達摩面壁都抱著看熱鬧的態度，洞口終日人聲喧嘩，但達摩並不受影響。九年過去，少林僧眾都成了達摩的信徒，達摩由此成為中國禪宗始祖。

達摩面壁是要使自己抵禦住外界的誘惑，保持內心的純淨，「心如牆壁」，從物欲的困擾中解脫出來。靜坐修煉，成爲禪宗的一項重要修身方法。

卡通片中的一休小和尚，每次遇到難題都要獨自坐在樹下，以手指按頭靜坐一會兒，經過一番思索，總能找到問題的答案。很多科學家也有獨自沉思的習慣，偉大的發現和發明往往是在這時候誕生的。萬有引力定律的發現，就是牛頓獨自一人在蘋果樹下沉思時，一個偶然掉下的蘋果觸發了他的靈感。

由此可見，一個人的心態只有達到空與靜的狀態，才能「不以物喜，不以己悲」，不會因一時失意就大爲沮喪，不因一時成功就得意忘形。擁有了這樣的心態，無疑也就擁有了一切。然而，這樣的人卻寥寥無幾。

如果一個人心浮氣躁，他就看不清事物的本來面目，就會主觀行事，一錯再錯；如果一個人心平氣和，他就能認清事物的本來面目，就能夠萬事得理，一順百順。所以，凡事一定要保持冷靜，才能作出理性而明智的選擇。

4 做擅長的事讓你先人一步

美國著名行爲學家傑克・豪爾在題爲《從自己的專長著手打造成功》的報告中，非常明確地指出：「人與人之間的競爭，不是聰明與不聰明的比賽，而是不同專長的比較，或者說各自在專長方面顯示的能力如何，成功者都是因爲在專長上充分施展了自己的優勢。如果一個人能在自己的專長上發揮百分之八十六的能力指數，那麼他就可以獲取成功了。」

我們就業前，要對自己有一個認識，認清自己的優點、缺點、長處、短處，評估自己能否勝任某項職業，揚長避短，而不是一窩蜂地衝向最熱門的行業。

百度公司的創建者李彥宏在《魯豫有約》節目中，第一次談到自己的「成功秘訣」。

二十年來，他一直在用自己的行動實踐著這句話：人一定要做自己喜歡並專業的事情。百度二〇〇五年上市後，就不斷有人來勸他，「百度有錢了，應該涉足網路遊戲，多個賺錢的業務。」那時網遊在中國已非常熱門，許多企業紛紛投入網遊商的行列。然而他的回答始終是「No」，理由很簡單，這不是百度所擅長的。

二〇〇七年，一家門戶網站自主研發的線上遊戲收入達到上千萬美元，在納斯達克一石激起千層浪，一個賺到豐厚回報的盈利模式出現在大家眼前，使這個行業更熱了，大公司紛紛把網遊定為戰略級產品部署重兵。

這天，有人拿著一分調研報告來找他，說：「從百度的用戶來看，很多人都是網遊的玩家，他們每天花在遊戲上的時間比搜索長，既然用戶有這方面的需求，我們是不是可以嘗試涉足網遊，讓他們在百度上得到滿足？」

李彥宏仔細地看完數據，反問道：「資料確實證明了需求，但是我們做網遊的優勢在哪裡？」

「我們有這些用戶啊，其他這些網站也都談不上什麼優勢，只要有用戶、有需求，就可以營運起來了。」

李彥宏搖搖頭，「剛回國的時候，我就已經看到線民對網路遊戲的熱情，但我自己從來不玩網遊，我想，對這種自己都不喜歡更不擅長的事，即使機會擺在那兒，我也肯定做不過真正喜歡它的人，所以我選擇了搜索，今天你讓我選，我還是會這樣選。」

「這個行業的利潤比我們做搜索高多了，我們有這麼充足的用戶需求，不做太可惜了。」

李彥宏想了想說：「那麼我們可以嘗試通過合作的方式，為網遊廠商提供一個平臺，讓真正喜歡的人來做他們擅長的事，我們只在裡面起間接作用吧。」

於是，作為推廣方式的第一步，百度遊戲頻道誕生了。

正是這樣的取捨，使百度能夠專注於自己擅長的搜索領域，才取得今天的市場領先地位。

5 放棄是選擇的跨越

人生中有許多十字路口，這些路口總是讓人徘徊不定、猶豫不決，因爲選擇一條路的同時，就意味著要放棄其他的路，這個選擇的過程對於很多人來說都很無奈。然而，人生就是這樣，你必須學會捨棄一些東西來成全另一些東西。假如你事事都想擁有，最終的結果往往是什麼也得不到。

一九五七年，松下毅然放棄了研究長達五年的大型電腦項目。這個消息令所有人都十分震驚，因為當時松下已經對此投資了約十五億日圓，而且兩台樣機經過試用，很快就能大規模投入生產，推向市場。那麼，松下為何放棄這樣一個已經接近成功的項目呢？

在松下放棄這項研究前，美國大通銀行的副總裁曾到松下進行訪問，談話中不知不覺就把話題轉到這個項目上。當副總裁聽到日本目前包括松下在內，共有七家公司生產電腦時，嚇了一跳。

他說：「在我們銀行貸款的客戶當中，大部分電腦部門的經營似乎都不順利，他們之所以能夠生存下去，完全是依靠其他部門的財力支持，幾乎所有的電腦部門都發生了赤字。就拿美國的現狀來說，除了IBM以外，其他的公司都在慢慢緊縮對電腦的投入，而日本竟然有七家這樣的公司，未免太多了一點。」

大通銀行的副總裁走後，松下對副總裁給的消息進行了仔細的考慮，最後決心放棄大型電腦項目。因為松下的電腦項目在接下來的生產以及市場推廣還需要投入近三百億日圓，如果放棄，雖然損失十五億，但這個決定卻可以避免三百億的損失，使松下更加專注於對電器和通信事業的發展，松下也慢慢成為電器王國的領頭軍。

能審時度勢、揚長避短、把握時機地放棄，不僅是一種理性的表現，同時也不失爲一種豁達之舉。兵法有云：傷其十指不如斷其一指。這爲我們在捨與得之間指明了前進的方向。無論做什麼事，都不可缺乏在專業上的一技之長，樣樣精通，樣樣稀鬆，反而會使自己無所成就，因爲這樣的人忘記了「不怕千招會，就怕一招絕」的秘笈。

古訓說得好：「欲多則心散，心散則志哀，志哀則思不達。」人的精力畢竟有限，往往窮盡全力也難以掘得真金。世界上最大的浪費，就是把寶貴的精力無謂地分散在許多事情上，而「有所不爲」就是爲了更加專注。

在有限的生命中，人們能夠理智地做出選擇是十分難得的，這需要人們保持一顆淡然和超然之心。選擇是人生成功道路上的航標，只有量力而行的睿智選擇，才能擁有更加輝煌的成功。

6 有做小事的精神，才有做大事的氣魄

人若能一心一意地做事，世間就沒有做不好的事。這裡所講的事，有大事，也有小事，所謂大事小事，只是相對而言。很多時候，小事不一定就真的小，大事不一定就真的大，關鍵在於做事者的認知而已。那些一心想做大事的人，常常對小事嗤之以鼻，不屑一顧。其實連小事都做不好的人，大事是很難成功的。

有位智者曾說過這樣一段話，他說：「不會做小事的人，很難相信他會做成什麼大事；做大事的成就感和自信心是由小事的成就感累積起來的，可惜的是，我們往往忽視了它，讓那些小事擦肩而過。」

「小事正可於細微處見精神。有做小事的精神，就能產生做大事的氣魄。」不要小看做小事，不要討厭做小事。只要有益於工作，有益於事業，人人都應從小事做起，用小事堆砌起來的事業大廈才是堅固的。

人生價值真正的偉大在於平凡，真正的崇高在於普通，最平凡、最普通卻又最偉大、最崇高。從普通中顯示特殊，從平凡中顯示偉大，這才是做人做事之道。

小事，一般人都不願意做。但成功者與碌碌無爲者最大的區別，就是成功者願意做別人不願意做的事情。一般人都不願意付出這樣的努力，可是成功者願意，因此他獲得了成功。

別人不願意端茶倒水，你更要端出水準；別人不願意洗刷馬桶，你更要刷得明亮；別人不願意做準備，你更要多做準備；別人不願意付出，你更要多付出。每一件別人不願意做的小事，你都願意多做一點，你的成功率一定會不斷提高。

同事不願做的事情，你願意去做；別人不想做的事，你願意去做。

只要你能做別人不願意做的事，只要你能做別人不想做的事，你就可以成功。因此，成功最重要的秘訣，就是去做別人不願意做的小事。

一個礦泉水瓶蓋有幾個齒？我們經常喝礦泉水，那麼我問你，剛剛擰開的那瓶礦泉水，瓶蓋上會有幾個齒？對這個問題你一定會嗤之以鼻，覺得它太無厘頭了。

一家電視臺做了一期人物訪談，嘉賓是娃哈哈集團的創始人宗慶後。這個四十二歲才開始創業的杭州人，曾經做過十五年的農民，曬過鹽，採過茶，燒過磚，賣過冰棒……他在短短二十年時間裡，創造了一個貿易奇蹟：將一個連他在內只有三名員工的校辦企業，打造成中國飲料業的巨無霸。

主持人在問了若干個題目後，忽然從身後拿出一瓶普通的娃哈哈礦泉水，考了宗慶後三個題目。

第一個題目：「這瓶礦泉水的瓶口，有幾圈螺紋？」

「四圈。」宗慶後想都沒想就回答道。

主持人數了數，果然是四圈。

第二個題目：「礦泉水的瓶身有幾道螺紋？」

「八道。」宗慶後還是不假思考地一口答出。

主持人數了數，只有六道啊。宗慶後笑著告訴她，上面還有兩道。

兩個題目都沒有難倒宗慶後，主持人不甘心，擰開礦泉水瓶，看著手中的瓶蓋沉吟了片刻，提了第三個題目：「你能告訴我們，這個瓶蓋上有幾個齒嗎？」

觀眾都詫異地看著主持人，不知道她葫蘆裡賣的是什麼藥。很多人趕到錄製現場，就是為了一睹傳奇人物的風采，有的人還預備了很多問題向宗慶後現場討教呢，可是主持人竟將寶貴的時間拿來問這樣一個無聊題目。

宗慶後微笑地看著主持人，說：「你觀察得很仔細，我告訴你，一個普通的礦泉水瓶蓋上，一般有十八個齒。」

主持人不相信地瞪大了眼睛，「這個你也知道？我來數數。」

主持人數了一遍，真是十八個，又數了一遍，還是十八個。

主持人站起來，做最後的總結：「關於財富的神話，總是讓人好奇。一個擁有一百七十多億元身家的企業家，治理著幾十家公司和兩萬多人的團隊，開發生產了幾十種的飲料產品，需要決斷處理的事務何其繁雜，可是，他連他的礦泉水瓶蓋上有幾個齒都瞭若指掌，也許我們可以從中看到，他是如何一步一步走向成功的。」

人們恍然大悟，場上響起熱烈的掌聲。

不因小而失大，不因少而失多。拋棄大小的競爭，拋棄高下的念頭，拋棄富貴的欲望，一心一意從小事做起，「大往往在小之中」。

7 最重要的是方向，其次才是速度

有這樣一句話：快些到達目的地最重要的是方向，其次才是速度。

有人問：「如果羅浮宮著火，你會救哪幅畫？」很多人回答要救《蒙娜麗莎》，著名作家貝爾納的回答卻是：「我救離出口最近的那幅畫。」他的理由是：「成功的最佳目標不是最有價值的那個，而是最有可能實現的那個。」

當你追求最有價值的目標《蒙娜麗莎》時，很有可能還未救出畫，人就葬身火海。我們只能選擇最有可能實現的目標，也就是最合適的目標。別人的目標是搶救最昂貴的，這位聰明的作家卻選擇正確的——最安全的。

每個人身上都有一種偉大的力量和能力，這就是選擇的力量和能力，但你要學會如何去運用這種能力，要選擇自己想要的，適合自己的方向，同時具有持久的行動執行力，夢想才會開花結果。

高爾夫球教練總是教導說，方向比距離更重要。因爲打高爾夫球需要頭腦和全身器官的整體協調。每次擊球之前，選手都需要觀察和思考，需要靠手、臂、腰、腳、眼睛等各部位的有效配合進行擊球。而擊球的關鍵則在於兩個「D」，即方向（Direction）和距離（Distance）。初學者中，有不少人只想著把球打遠，而忽視方向的重要性，其實，方向要比打遠更重要！

人生就像打高爾夫球，如果方向對了，即使走得慢也能一步一步接近成功；可是如果方向錯了，不僅白忙一場，還可能離成功越來越遠。

既然方向對於我們如此重要，那麼，怎樣才能找到適合自己的人生方向呢？

❶讓心靈指引方向

在你做事的時候，身邊可能有很多人給你提出意見。這些意見會讓你一時之間迷失方向。其實，每一個給你提出意見的人，都是帶有一定的自我心理傾向的，他會在不自覺中將他的想法強加給你，或者對你有一定的精神依託。

這個世界上，不會有比你更瞭解自己的人，所以在尋找人生方向的時候，一定要先考慮自己喜歡的是什麼。只有喜歡，才能有激情，才能在追求理想的過程中感受到幸福和快樂，而不是一想到自己將做什麼事情，心裡就非常排斥，感覺頭痛。

鋼琴家郎朗剛開始彈琴時，家裡人並不支持，甚至還有些反對，但是他一直堅持自己的想法，一定要在音樂的領域裡實現自己的人生價值。經過他的多次努力，家人終於不再阻止他，他也成功地走上了世界的大舞臺。

選擇方向，總會有許多的岔路口，但是不管處境有多麼困難，我們都要注意傾聽自己內心的聲音，讓心靈爲自己的人生導航。

❷策劃人生方向要具體

很多人在規劃人生的時候，容易犯「空」「大」的毛病。可能我們在想：我想買一座大房子；我想買車；我想開一家自己的公司……但是我們很少去思索爲了實現這樣的人生目標，具體應該怎麼做。

人生策劃必須是明確的、清晰的、具體的，還要具有一定的可行性。如果你單單說我想出人頭地，那麼是在哪一方面出人頭地？怎樣的程度才算是你心中出人頭地的標準？這些我們必須想清楚。

❸人生定位要適當

人人都有欲望，都想過美滿幸福的生活，這是人之常情。但是，如果把這種欲望變成不正當的欲求、變成無止境的貪婪，那我們就在無形中成了欲望的奴隸。

在欲望的支配下，我們不得不爲了權力、爲了地位、爲了金錢而削尖了腦袋向裡鑽。我們常常感到自己非常累，但是仍覺得不滿足，因爲在我們看來，很多人的生活比自己更富足，很多人的權力比自己更大。所以，我們別無出路，只能硬著頭皮往前衝，在無奈中透支著體力、精力與生命。所以，我們在進行人生定位時，一定要量力而爲，找到最適合自己的，而不是任由欲望支配，始終活在無法實現理想的痛苦裡。

股神巴菲特說：「在你能力所及的範圍內投資，關鍵不是範圍的大小，而是正確認識自己。」所以，想要找準人生方向，就必須先瞭解自己。

❹反方向游的魚也能成功

一旦形成了某種認知，就會習慣性地順著這種固定思維去思考問題，習慣性地按老辦法來處理問題，不願也不會轉個方向解決問題，這是很多人都有的一種愚頑的「難治之症」。這種人的共同特點是習慣於守舊、迷信盲從，所思所行都是唯上、唯書、唯經驗，不敢越雷池一步，而要使問題真正得以解決，就必須改變這種認知，將大腦「反轉」過來。

現在很多企業都喊出了「換個方向就是第一」「做一條反方向游的魚」等口號，因爲人們已經發現，隨著社會競爭越來越激烈，單靠傳統的想法與做法是不可能有多少成功勝算的。所以，掉轉方向，開闢一條全新的道路，不失為一種求發展的良策。

Part 2
給自己按個讚

總是掛在嘴上的人生，就是你的人生；
人總是很容易被自己說出的話所催眠。
我多怕你總是掛在嘴上的許多抱怨，
將會成為你所有的人生。
——竹久夢二《出帆》

第三章
對自己不將就，才會變得更加優秀

1 三分能力，七分責任

有位成功的企業家對「責任」進行的詮釋是：「責任即價值。」

在他看來，責任與價值有著三層含義：第一，只有承擔責任，才有可能創造價值。無論價值的大小，都是因爲有人承擔了責任才產生的。第二，承擔責任，是對自身價值的一種證明。你承擔的責任越大，表明你的價值越大，社會和企業就越需要你。第三，責任是回報的前提，首先不是在想自己能夠得到什麼，而應當想想自己承擔了什麼責任。

從前有個國王叫狄奧尼西奧斯，他統治著西西里最富庶的城市西提庫斯。他住在一座美麗的宮殿裡，裡面有無數價值連城的寶貝，一大群侍從恭候兩旁，隨時等候吩咐。

狄奧尼西奧斯擁有如此多的財富、如此大的權力，自然很多人都羨慕他的好運。達摩克利斯就是其中之一，他可以說是狄奧尼西奧斯最好的朋友。達摩克利斯常對狄奧尼西奧斯說：「你多幸運呀，你擁有人們想要的一切，你一定是世界上最幸福的人。」

而狄奧尼西奧斯卻聽厭了這樣的話，有一天，他問達摩克利斯：「你真的認為我比其他人都要幸福嗎？」

「當然啊，」達摩克利斯回答道，「你擁有巨大財富，握有巨大權力，根本一點兒煩惱都沒有，生活還有什麼比這更幸福的呢？只要有一天讓我擁有你的財富和幸福，我就別無他求了。」

「或許你願意跟我換換位置試試看？到時候你就知道了。」狄奧尼西奧斯說。

就這樣，達摩克利斯被領到王宮，所有的僕人都被引見到他跟前，聽他使喚。他們給他穿上王袍，戴上金製的王冠。宴會廳桌上擺滿了美味佳餚，美酒、鮮花、昂貴的香水、動人的樂曲，一切應有盡有。他坐在鬆軟的墊子上，感到自己成了世上最幸福的人。

「噢，這才是生活。」達摩克利斯對坐在對面的狄奧尼西奧斯感嘆道：「我從來沒有這麼高興過。」

他舉起酒杯，抬眼望了一下天花板，達摩克利斯的身體突然間僵住了，臉色變得煞白，原來他頭頂正懸著一把利劍，用一根馬鬃繫著，鋒利的劍尖正對準他的雙眉之間。他想跳起來跑掉，可還是忍住了，怕突然一動會扯斷馬鬃，使劍掉落下來。他只好僵硬地坐在椅子上，一動不動。

「怎麼啦，朋友？」狄奧尼西奧斯問，「你這會兒好像沒胃口了？」

「那把劍！」達摩克利斯小聲說，「難道你沒看見嗎？」

「我當然看見了，」狄奧尼西奧斯說，「我天天都看得見，因為它一直懸在我的頭上，說不定什麼時候、什麼人就會斬斷那根馬鬃；也許是哪個大臣垂涎我的權力欲將我殺死，抑或有人散佈謠言讓百姓反對我，或者是鄰國的國王會派兵來奪取我的王位，又或者是我的決策失誤使我退位，等等。如果你想做統治者，就必須盡到自己應盡的責任，因為責任與權力同在，這你應該知道。」

「是的，我知道了。」達摩克利斯餘悸猶存地說，「我現在終於明白我錯了，除了財富、榮譽，你還有很多憂慮，請坐回你的寶座上去吧。」

從此，達摩克利斯非常珍惜自己的生活，再也不想與國王換位了，哪怕是短暫的一刻鐘。

這雖然是一個很古老的故事，但是卻很好地提醒了我們：如果我們渴望享受成功的快樂，那就必須做好準備，承擔隨之而來的責任。請不要忘記，承擔責任是上天賦予你的使命，是你的權利，更是你的義務。

沒有責任感的人往往無法實現自己的價值，唯有具備勇於負責精神的人，才會受到他人的器重與提拔。

2 糾正優柔寡斷的缺點

世間最可憐的人，就是那些舉棋不定、猶豫不決的人。什麼事都無法自己決定，只知取決於他人。主意不堅定和優柔寡斷，對於一個人的品格來說，實在是一個致命的弱點。這種性格上的弱點，可以敗壞一個人的自信心，也可以破壞他的判斷力，並大大有害於發展他的全部精神能力。

果斷決策的力量，與一個人的才能有著密切的關係。如果沒有決斷的能力，那麼你的一生，就像深海中的一葉孤舟，永遠漂流在狂風暴雨的汪洋大海裡，達不到成功的目的地。

一個人如果目標明確、胸有成竹，那麼他絕不會把自己的計畫拿來與人反覆商議，除非他遇到在見識、能力等各方面都高過自己的人。在決策前，他會仔細考察，然後制訂計畫，採取行動；這就像在前線作戰的將軍必會先仔細研究地形、戰略，而後才擬訂作戰方案，然後開始進攻。

一個頭腦清晰、判斷力很強的人，一定會有自己的主張，他們絕不會糊裡糊塗，更不會投機取巧，他們不會永遠處於徘徊當中，更不會一遇挫折便洩氣退回，使自己的事業前功盡棄。只要作出決定，他們一定會一往無前地去執行。

很多人事情明明已經計畫好，確定了，仍然前怕狼後怕虎，左思右想，不敢行動，最後腦子裡的念頭越來越多，對自己也越來越沒有信心。最終精力耗散，陷入失敗的境地。

我們處理事情時，事前應該仔細地分析思考，做好正確的判斷；一旦做出決定，就不要再有任何懷疑和顧慮，也不要管別人說三道四，只要全力以赴去做就可以了。

機會只敲一次門，成功者應該善於當機立斷，抓住每次機會，充分施展才能，切記！要正視自我的不足，糾正優柔寡斷的毛病，拋棄那種遲疑不決、左右思量的不良習慣，只有這樣才能最終獲得成功，得到命運的垂青。

3 不容他人，他人也必不容你

要想在人生路上一路平坦，你必須是一個有涵養的人，同時也要有足夠的肚量。心胸狹窄不容他人，他人也必不容你。

以寬容對狹隘，以禮貌謙恭對冷嘲熱諷，不將心思牽絆於一事一物，不將一絲哀怨氣惱掛在心頭，這是一個成功者應具備的容人雅量。

有個青年，總是憤世嫉俗，在學習、生活、工作中遭遇了許多誤解和挫折。由於得不到別人的理解，他漸漸地養成了以戒備和仇恨的心態看待他人的習慣，總是對別人的小錯誤斤斤計較，仇恨那些不理解自己的人，結果人際關係十分緊張。在壓抑鬱悶的環境中，他感覺整個世界都在排斥他，因此度日如年，幾乎要崩潰。

有一天，他出門散心，登上一座景色宜人的大山。坐在山上，他無心欣賞優雅的風景，想著自己這些年的遭遇，內心的仇恨像開閘的洪水一樣湧來。他忍不住大聲對著空蕩幽深的山谷喊：「我恨你們！我恨你們！我恨你們！」

話一出口，山谷裡傳來了同樣的回音：「我恨你們！我恨你們！我恨你們！」

他越聽越不是滋味，於是又提高了喊叫的聲音。他罵得越厲害，回音就越大越長，擾得他更加惱怒。

就在他再次大聲叫罵後，身後傳來了「我愛你們！我愛你們！我愛你們」的聲音，他扭頭一看，只見不遠處的寺廟裡，一方丈正衝著他喊。

片刻後，方丈微笑著向他走來，笑著說：「倘若世界是一堵牆，那麼愛就是世界的回音壁。就像剛才我們的回音，你以什麼樣的心態說話，它就會以什麼樣的語氣給你回音。愛出者愛返，福往者福來。為人處世，許多煩惱都是因為對別人斤斤計較、懷恨在心而產生的。你熱愛別人，別人也會給你愛；你去幫助別人，別人也會幫助你。世界是互動的，你給世界幾分愛，世界就會回你幾分愛，愛給人的收穫遠遠大於恨帶來的暫時的滿足。」

聽了方丈的話，青年豁然開朗。回去後，青年開始以積極、健康的心態對待身邊的一切。他和同事之間的誤解沒有了，沒有人和他過不去了，工作比以往順利，他自己也比以前快樂多了。

人生在世，免不了要和別人相處，由於每個人的文化水準、工作生活、性格愛好等都不同，難免會發生矛盾衝突，嚴重的甚至導致兄弟反目、婆媳不和、同事爭執等，其實，有些矛盾只要有一方豁達、大度一些，問題就會迎刃而解，干戈也會化爲玉帛。

生活中沒有永遠的仇人，只要心中的怨恨消失了，仇人也能變成朋友。如果我們的仇人瞭解到我們對他的怨恨使我們精疲力竭，使我們疲倦而緊張不安，甚至使我們折壽，他們不是會拍手稱快嗎？那麼，我們爲什麼要用仇人的錯誤懲罰自己呢？

即使我們不能愛那些仇人，至少要做到愛自己。我們要使仇人不能控制我們的快樂、健康和外表。就如莎士比亞所說：「不要由於你的敵人而燃起一把怒火，讓心中的烈焰燒傷自己。」

4 擺脫懶惰的糾纏

懶，是許多人的共同特性，「琴棋書畫不會，洗衣做飯嫌累」，更有甚者自詡：不要跟我比懶，我懶得和你比。懶惰在生活中表現出的是不求上進、意志消沉、安於現狀、心態消極。很多朋友沾上懶惰的習性，學習沒目標、不主動，糊塗混日、得過且過。人生的許多理想因爲懶惰而變得遙遙無期。

一個鐵匠用同一塊鐵打了兩把鋤頭，擺在地攤上賣。農人買走了其中的一把鋤頭，馬上就下地使用起來；而另外一把鋤頭，被一個商人得到，因為無用，被閒放在商人的店裡。

半年後，兩把鋤頭偶然碰到一起。原本質地、光澤、鍛造方式都相同的兩把鋤頭已經大不相同。農人手裡的鋤頭像銀子似的晶光閃亮，甚至比剛打好時更光亮；而那把一直被商人放在店裡的鋤頭卻變得暗淡無光，上面佈滿了鐵鏽。

「我們以前是一樣的，為什麼半年後，你變得如此光亮，而我卻成這副樣子了呢？」那把生滿鏽跡的鋤頭問它的老朋友。

「原因很簡單啊，這是因為農人一直使用我的關係。」光亮的鋤頭回答說，「你現在生鏽，變得不如以前，是因為你老躺在那兒，什麼活兒也不幹！」

生鏽的鋤頭聽後沉默了，無言以對。

比爾．蓋茲說：「懶惰、好逸惡勞乃是萬惡之源，懶惰會吞噬一個人的心靈，就像灰塵可以使鐵生鏽一樣，懶惰可以輕而易舉地毀掉一個人，乃至一個民族。」所以，我們應該用勤奮築一道「防護堤」，阻擋懶惰的靠近。

美國著名作家傑克·倫敦在十九歲以前，從來沒有進過中學。但他非常勤奮，通過不懈的努力，使自己從一個小混混成爲一個文學巨匠。

傑克·倫敦的童年生活充滿了貧困與艱難，他每天跟著一群惡棍到處遊蕩，並把大部分的時間都花在偷盜等勾當上。

有一天，他漫不經心地走進一家公共圖書館內開始讀起《魯濱孫漂流記》，他看得如癡如醉，並深受感動以至饑腸轆轆，也捨不得停下來回家吃飯。第二天，他又跑到圖書館看書，從這以後，一種酷愛讀書的情緒便不可抑制地左右了他，從荷馬到莎士比亞，不管是誰的著作，他都如饑似渴地讀著。

十九歲時，他決定停止以前鬼混的生活方式，於是他進入加州的奧克德中學，不分晝夜地用功，他也因此有了顯著的進步，只用三個月的時間就把四年的課程念完，通過考試後，他進入了加州大學。

他渴望成為一名作家，在這一雄心的驅使下，他拼命地寫作。每天寫五千字。他有時會一口氣給編輯們寄出三十篇小說，但它們統統被退了回來。

後來，他寫了一篇名為《海岸外的颶風》的小說，獲得雜誌舉辦的徵文比賽頭獎。五年後，他成了藝文界最為知名的人物之一。

一個人的成就和他的勤奮程度永遠是成正比的。懶惰者是不能成大事的，因爲懶惰的人總是貪圖安逸，遇到一點風險就嚇破了膽，另外，這些人還缺乏吃苦實幹的精神，總存有僥倖心理。那麼怎樣才能培養勤奮的習慣、戰勝懶惰的心理呢？

以下是幾個克服懶惰的好方法，不妨試一試：

❶**保持一顆進取心**。進取心是一種永不停息的自我推動力，它會使我們的人生更加崇高。擁有進取心之後，那些不良的惡習就沒有了滋生的環境和土壤，久而久之，懶惰的習性就會逐漸消失。

❷**學會肯定自我，勇敢地把不足變為勤奮的動力**。無論結果如何，

都要展現出自己努力的一面。如果改變方法也不能很好地完成，說明了或許是技術不純熟，或者是還需完善某方面的學習。扎實的學習最終會讓你成功的。

❸ **規律生活**。一個人起居正常、三餐適時、勞逸適度是身體健康的保證。懶散之人往往散漫成性，生活雜亂無章，睡無時、食無量，身體系統的功能活動很難與環境相適應，時間久了，健康會受到摧殘。

❹ **使用行程表**。這個行程表可以幫你把所有事項有條理地記錄下來，並提醒你抓緊行動。

❺ **在住家之外的地方學習**。家是休息之所，故在家裡容易鬆懈，有些人還喜歡躺在床上追劇、滑手機，此外，電視、食物這些東西都能誘使你分心。而在家之外的地方，特別是在圖書館等有學習氛圍的地方，就離開了這些誘惑。

5 別浮躁，在實踐中鍛煉耐心

浮躁是一種情緒，是一種並不可取的生活態度。《論語》說：「欲速則不達，見小利則大事不成。」但是當今社會，經濟正在高速發展，物質水準不斷提高，不少人似乎少了耐心，多了急躁；少了腳踏實地，多了急於求成……很少人能按捺住悸動的心，守住可貴的孤獨與寂寞，而是變得越發浮躁和急功近利。

人浮躁了，就會終日處在又忙又煩的狀態中，脾氣變得暴躁，神經會越繃越緊，長久下來，使人在任何時候任何環境中都不能平靜下來，因而在衝動的情況下，不自覺地做出錯誤的決定，給自己造成更大的精神壓力，讓自己越來越急躁，形成惡性循環，一發不可收拾。因此，想成就大事者，要心存高遠，更要腳踏實地。

在生活中，人們熱情飽滿，甚至凡事躍躍欲試，自然不是什麼壞事，生活本來就需要這樣一種勁頭，但是熱情也要講究方式，熱情用在積極的心態上，是一種動力，浮躁則是對熱情的錯誤運用。

浮躁的人缺少合理分配和利用熱情的能力，這類人容易半途而廢，因爲心浮氣躁，就容易導致言行過分，這不僅有礙於人際關係，容易出口傷人，更容易影響做事的效率，或是錯過眼前的良機。

改變浮躁性格可以從幾個方面來做。

❶ **在實踐中鍛煉耐心**。耐心都是鍛煉出來的，缺乏耐心也就等於自動丟掉了成功的機會。在生活中多多鍛煉自己的耐心，做每一件事時都要學會安下心來，不要總是想著結果如何，要把精力放在如何做好這件事上。

❷ **多看有積極意義的電影或書籍**。這既能讓你放鬆心情，調節生活節奏，同時也能爲你帶來更強大的生命動力，讓你擁有更多的生活熱情。

❸**遇到急事先冷靜**。焦急的情緒並不能幫你解決任何問題，必須冷靜地思考。思考如何做才能最大限度地降低損失，怎麼樣處理才能較合理地解燃眉之急，然後馬上去行動。

❹**學會循序漸進地做事**。凡事不可貪大，成功要一步一步來，做事前首先要安下心來，爲自己樹立起框架，然後從最微小的部分做起，循序漸進，逐漸完成。

6 抱怨沒有鞋，卻不知道別人沒有腳

你永遠不是最倒楣的那一個，總有人比你更倒楣。當你遇到不開心的事時，想想那些境遇比你更慘的人，他們比你更有資格唉聲嘆氣。

哈威認為自己是很倒楣的人，工作沒了；經商破產，花了七年時

間才還清債務；妻子離他而去；孩子也總是給他找麻煩……總之，沒有一件讓他高興的事，他覺得上天對自己太不公平了，什麼倒楣事都讓他趕上了。

可是，有一天哈威突然變得樂觀起來，不再時時抱怨說自己如何倒楣了。

一天，哈威正在街上無精打采地閒晃，突然一幕景象落到他的眼裡。他看見對面來了一個沒有腿的人，坐在一塊簡易的木板上，木板下面像溜冰鞋一樣裝了滑動的輪子，那人手上拿著木棍往前滑行，還得時刻注意躲閃過往的車輛和行人。

這人過街後，哈威正好跟他目光相對，這人很開朗地和他打招呼說：「早安，今天是個好天氣，你覺得呢？」

哈威有點吃驚，這才發現自己其實是很幸運的，至少他還有兩條健康的腿，能活蹦亂跳，面對這樣一個勇敢面對生活的人，哈威為自己以前的自怨自艾感到十分羞愧。

猶太人有句諺語：「假如你失去一隻手，該慶幸自己還有另外一隻手；假如失去兩隻手，該慶幸自己還活著；如果連命都沒了，就沒有什麼可煩惱的了。」

當你覺得倒楣的時候，不妨換個角度看問題，看看自己還擁有什麼，這樣你會覺得自己還是很幸運的。比如當你為灑掉半杯啤酒而懊惱時，不如為還擁有半杯啤酒而快樂；再比如不小心摔倒時，你應該想：幸好我是在這裡摔倒，而不是在危險的地方摔倒，真是老天保佑。

記住，你永遠不是最倒楣的那一個，總有人比你更倒楣。當你遇到不開心的事時，想想那些比你更倒楣的人，仔細想想你是不是還擁有其他的東西？比如有份喜歡的工作，有幾個可以談心的好友，父母也都健在……你還有什麼不滿足的呢？

7 壞習慣是一盆害人的溫水

一位諾貝爾獎得主說：「好習慣使人終身受益。」在這句話的背後，隱含著另外一句話：「壞習慣使人終身受害！」也許可以這樣說，成功的事業其實是好習慣的必然結果，而失敗的事業和人生則是壞習慣導致的惡果。

巴爾扎克也有一句話使聽者自危：「要斷送一個人，只需叫他染上一種嗜好。」壞習慣對人的巨大危害性全包涵在這句話裡。顯然，一個人如果不能改變壞習慣，那麼終其一生也很難有什麼作爲。

美國康乃爾大學做過一個將青蛙分別放進冷水和沸水中其結果完全不同的實驗，青蛙何以能自救於滾燙的沸水，卻最終自戕於一鍋溫水？因爲明顯的危害會讓我們竭盡全力去對付、去避免，而對於那些潛在的危害卻往往感覺遲鈍、重視不足，最終鑄成難以彌補的大錯與大憾。壞習慣就是這樣一盆慢慢升溫的害人之水。

心理學巨匠威廉詹姆士說：「播下一個行動，收穫一種習慣；播下一種習慣，收穫一種性格；播下一種性格，收穫一種命運。」壞習慣是一生的累贅，它引導你由成功走向失敗，將可擷取的成功果實化作東流水。

習慣是一柄雙刃劍，好習慣是人生進步的階梯，壞習慣則是絆腳石。要擁有成功與幸福的人生，就要努力培養好習慣，不斷克服壞習慣。改變你的習慣，也就改變了你的命運走向。

第四章 若一無所有，你靠什麼成功

1 擴大內心的格局

人生總有這樣的時刻：走到某一步好像突然卡關，怎麼也走不出去，彷彿有種「魔力」，使你無法走到另外一個階段。這就是佛家所謂的「局」。所謂「當局者迷」，「一葉障目，不見泰山」，說的就是這種情況。

限於眼前之「局」，顯示著人生的大被動。這種「卡」跟「限」，可能體現在外在，即環境的制約，也可能體現在內在，即人的心情、信念、價值、智慧、膽識等。但是歸根結底都是內在。因爲即使是環境的制約，只要你勇於將眼界拓寬，到更廣闊的空間裡去，外在的制約也會消失。

一八九〇年，荷蘭工程師傑拉德．飛利浦將一座破產的工廠買下，生產碳絲燈泡。他只懂技術，不善經營，到了第四年，就再也經營不下去了，打算把工廠出售，但別人只肯出極低的價錢，只好作罷。

這時，他的弟弟安東接手了工廠。安東一上任就做出十分重要的決定：跳出狹小的荷蘭，到面積廣大、人口眾多但還落後的俄國去！

一到俄國，安東就得到了極好的機會：不僅市場廣闊，而且當時的沙皇亞歷山大二世正開始促進俄國的現代化，所以他的新產品一下子便得到了俄國人的青睞。當他把得到五萬個燈泡訂單的電報打回荷蘭時，傑拉德根本不相信，甚至打電報詢問：「是否五千個之誤？」

飛利浦公司後來成為了聞名天下的大公司。

一位哲人說：「人生是一場盛宴，絕不只有一道好菜。」生活比我們所感受的要廣闊得多，尚有更多、更新的體驗有待探索，許多更好的東西有待我們去嘗試。

遺憾的是：許多人總是看不到這一點，或者小得即喜，不去進一步開拓，或者認定現有的狀況就是永遠的狀況，即使一點也不滿意，也甘於「認命」。這樣的人生，不要說對盛宴毫無感覺，甚至連一道好菜也品嘗不到。

正如《菜根譚》中所講的：「德隨量進，量由識長。故欲厚其德，不可不弘其量，欲弘其量，不可不大其識。」翻譯成我們今天的話，就是：有什麼樣的人生格局，就有什麼樣的人生結局。

因爲自己背景平凡，而不敢去夢想非凡的成就；因爲自己學歷不高，而不敢立下宏偉的大志；因爲自己自卑保守，而不願打開心門，去嘗試更多的機會……凡此種種，我們畫地爲牢、故步自封，既挫傷了自己的積極性，也限制了自己的發展，造成了一輩子的平庸無能。

那些無法獲得大成就的人，大多是沒有大格局的人。所謂大格局，就是以長遠的、發展的、戰略的、全域的眼光看待問題，以博大的胸襟對待人和事。對一個人來說，格局有多大，這輩子的成就就有多大。

人生每一階段的格局，就如人生中的每一個臺階，只有一步一步地認真走好，才能夠到達人生之塔的頂端。所以，擴大自己內心的格局，去構思更大、更美的藍圖。我們將會發現，在自己胸中，竟有如此浩瀚無垠的空間，竟可容下宇宙間永恆無盡的智慧。

2 借力打力，事半功倍

我們常常疑惑，爲什麼有的人工資不高，卻可以買得起大房子，過上高品質的生活？因爲他們從更多的角度看自己的人生，不糾結於一處，利用手裡的資源想辦法。比如，善用投資，從事副業，從而獲得更多的收益。

「給我一個支點，我可以撬動地球。」這是阿基米德的一句名言，而「借」的關鍵，就是能夠找到這個支點所在。這個「支點」就是「借」的契合點，它是你急需的，卻又是對方所獨具的。所以「借」絕對不是簡單的依賴和等待，而是一場有準備的戰鬥，是用巧妙的智慧換取成功。

從這一點來說，你先要對自己有充分的瞭解，你的強項是什麼，怎樣的「外援」會對你有幫助？接下來，在對市場充分瞭解的基礎上，你就可以鎖定自己的靠山，然後通過有效的「嫁接」，真正達到「借」的目的。

所以「借」是主動的，它是你根據實際需要作出的選擇。

有這樣幾條思路或許可以成爲「借」的借力目標：

第一是借「**智力**」，或者說是「思路」「經驗」等，比如有些投資大師有不少好的經驗，這都是他們經過多年的成功與失敗得出的制勝法寶，可以讓我們的投資少走許多彎路。

第二是借「**人力**」，也就是所謂的人氣，名牌、名人身邊通常聚集不少關注焦點，如果能利用這些人氣，收效必然十分可觀。

第三是借「**潛力**」，良好的社會經濟發展會給我們的投資帶來有效的增值空間，像城市的建設規劃以及中小城市的發展計畫等，都是值得我們關注的焦點。

第四是借「**財力**」，有些投資者或企業可能會遇到資金捉襟見肘的情況，那麼充分利用銀行或投資基金的財務槓桿，會讓你解決許多「燃眉之急」。

第五是借「**權力**」，乍聽這個詞似乎挺嚇人的，但其實指的就是國家政策，「借」上好的政策同樣也會使你贏得發展的契機，靠政策致富的案例早已屢見不鮮了。

但在這裡需要說明的是，「借」與盲目跟風可是有著本質的區別，「借」是一項高技術含量的工作，通過瞭解、準備、研究、比較和選擇等多個步驟才能獲得成功；如果隨意地跟風模仿，反而會給你帶來不小的風險。

最後，「借」同樣也可能會遭遇到不可預見的風險，其中最爲典型的就是連鎖加盟，有些項目本身含金量不高，甚至帶有欺騙性質，讓許多投資者遭遇滑鐵盧，對此必須多加留意。

3 朋友是機遇的介紹人

成功學之父卡內基說過：「成功等於百分之十五的技能加上百分之八十五的人脈。」如果你善於經營，把你人脈網中的每一個人經營成你的貴人，那麼你的資源會更豐厚，對於未來的成功也就更有保障。尤其是在人生的創業初期，如果你有充足的人脈資源，那無異於是錦上添花，你的事業又多出了幾分動力與希望。

提到「搜狐」二字無人不知，而搜狐首席執行官掌舵人張朝陽在創業初期受阻時，正是碰上了尼葛洛龐蒂（Nicholas Negroponte）這個貴人，有了他的相助才走上了如今的輝煌之路。

一九九六年的中國，絕大多數人還不知道互聯網為何物，而張朝陽的互聯網創業之路正是在這一年正式起步的。創業之初，張朝陽整日奔波在紐約和波士頓。那時候的他，手頭上並沒有什麼實際可供出售的商品，只有一份商業計畫書，而且寫著今天看起來並不成熟的構想。

張朝陽想找到一些投資商，然後在中國實踐他的互聯網商業理想，卻因為當時的美國風險投資人遠不像今天這樣對中國創業者感興趣而頻頻受阻。但是，最終張朝陽還是獲得了一筆十七萬美元的風險投資。

作為主要投資人的尼葛洛龐蒂這樣說道：「我雖然並不認識張朝陽，但是我確實知道互聯網是很重要的，也知道中國是重要的，我還知道張朝陽是一個很聰明的人。這就夠了。正是基於這幾點，我才願意投資的。」

張朝陽借助這筆資金，很快在北京創立了愛特信公司，這家公司也成為中國第一家借助風險基金建立的網路公司。一九九八年，張朝陽推出號稱「中國人自己的搜尋引擎」——搜狐。

對張朝陽來說，正是由於尼葛洛龐蒂的投資改變了自己的命運，因爲尼葛洛龐帝投給他的不僅是資金，還有信心和知名度。而這種完美的雙贏局面當初又有幾個人能預見？

俗話說「七分努力，三分機運」，在攀上事業高峰的過程中，貴人相助往往能夠起到事半功倍的效果，有了貴人相助，不僅能替你加分，還能增加你的籌碼及成功機率。尤其對於一個處於創業初期的商人來說，有一個強有力的人脈資源是多麼重要。

中國自古就有成大事者必有貴人相助之說，對於創業者而言，更是少不了貴人的幫助。成功人士無一不是有一條成功的秘密捷徑：「遍及各處的友誼和獲得發展的機遇。」

從某種意義上來講，人脈是機遇的介紹人，而且只有依靠人脈，才能捕獲到更多的優勢，得以在業界「占山爲王」。

4 用信任打造個人品牌

相信就是力量，人與人之間的信任，有時能發揮與信仰相同的爆發力。

戰國時期，魏文侯派樂羊攻打中山國時，有人勸文侯說：「樂羊的兒子樂舒在中山國位居高官，怎麼能讓他擔任大將？」魏文侯經過考慮後，決定還是派樂羊去。

樂羊到中山國後，駐兵三月未攻，因為當時中山國君屢次讓樂舒去找樂羊，要他延緩進城。消息傳到魏國，大臣怨聲鼎沸，而魏文侯卻對樂羊深信不疑。

樂羊不攻城，其實有他自己的道理：「我要讓中山國的百姓看到他們的國君是怎樣的不講信用。」

後來，中山國國君為了脅迫樂羊，把他兒子煮成肉羹，差人送給樂羊。樂羊坐在軍帳裡端著肉羹吃了起來，一碗吃盡了，立刻下令攻城。

中山國國君這樣的舉動讓百姓大失所望。樂舒並未背叛他，而且還成功地讓樂羊延緩攻城，讓他有時間與大臣商議對策。但中山國國君卻殺了樂舒，還殘忍地將他煮成肉羹送入他父親的口中。

中山國的百姓認為，自己的國君如此對待對國家百姓有功的樂舒，又怎麼能夠保全自己一家大小的安全呢？遂不再相信國君。中山國國君由於失去了百姓的信任，所以一戰即敗，魏軍迅速佔領了中山國。

樂羊凱旋時，魏文侯親自出城迎接，大擺宴席為他慶功。宴席上賜給他兩箱禮物。樂羊回家打開箱子一看，箱子裡全是大臣們彈劾他的奏章。第二天，樂羊前去謝恩。

魏文侯說：「我知道，只有你才能擔當這一重任。」

信任的力量在「樂羊不攻城」這個故事中產生了兩極化的結果：中山國因此亡國；魏文侯因此得一忠誠猛將。魏文侯信任樂羊，是因爲他對樂羊有充分的瞭解。但是，求人與助人中如果信任那些自己不瞭解的勢利小人，則會給自己帶來無窮的禍害，就如同故事中可憐的樂舒。

如何能夠知道哪些人足以信任，哪些人不能呢？不妨看看漢朝的汲黯是怎麼分辨的。

漢武帝的大臣汲黯是個威武不屈的忠義之臣。在他位居高官時，許多人到他的家裡來拜訪，向他求助。他家裡常常高朋滿座，把門檻都踏壞了。

後來汲黯由於直言上諫激怒了漢武帝，被免去官職。過去的那些朋友一個也不來了，家門前真是門可羅雀。不僅如此，有些朋友還在背後恣意攻擊他，把他過去作為知己說的知心話廣為傳播，四處敗壞他的聲名。

後來，汲黯官復原職，一些中斷來往的昔日「朋友」又想來拜會他、向他求助。結果，當然遭到了他的憤然拒絕，因為他已嘗到信任這種勢利小人的苦頭，不想重蹈覆轍！

能夠在危難時不離不棄並伸出援手的人，才是足以信任的。魏文侯之於樂羊是這樣；汲黯的昔日朋友之於他更是如此。

求人時，自己既要守信用，同時也要信任忠誠的人，信任那些經過長期考驗、值得依賴的人，不輕信勢利小人，才能得到適當的幫助、避免禍害、萬事亨通。

「君子一言，駟馬難追」，講的是做人的信用度。一個不講信用的人，是爲人所不齒的。現在的生意場上，公司、企業做廣告做宣傳，樹立公司、企業在公眾中的形象，就是想提高公司、企業的信用度。信用度高了，人們才會相信你，和你有來往，成交生意，你辦事才會容易成功。

人無信不立。信用是個人的品牌，是辦事的無形資本。有形資本失去了還可以重新獲得，而無形資本失去了就很難重新獲得了。辦事再困難也不能透支無形資本。

諸葛亮有一次與司馬懿交鋒，雙方僵持數天，司馬懿就是死守陣地，不肯向蜀軍發動進攻。諸葛亮為安全起見，派大將姜維、馬岱把守險要關口，以防魏軍突襲。

這天，長史楊儀到帳中稟報諸葛亮說：「丞相上次規定士兵一百天一換班，今已到期，不知是否……」

諸葛亮說：「當然，依規定行事，交班。」

眾士兵聽到消息立即收拾行李，準備離開軍營。忽然探子報魏軍已殺到城下，蜀兵一時慌亂起來。

楊儀說：「魏軍來勢凶猛，丞相是否把要換班的四萬軍兵留下，以退敵急用。」

諸葛亮擺手說：「不可。我們行軍打仗，以信為本，讓那些換班的士兵離開營房吧。」

眾士兵聞言感動不已，紛紛大喊：「丞相如此愛護我們，我們無以報答丞相，絕不離開丞相一步。」蜀兵人人振奮，群情激昂，奮勇殺敵，魏軍一路潰散，敗下陣來。

諸葛亮向來恪守原則，換班的日期來到，毫不猶豫地交班，就是司馬懿來攻城也不違反原則。以信為本，誠信待人，所以能在戰鬥中取勝。

顧炎武曾以詩言志：「生來一諾比黃金，那肯風塵負此心。」表達自己堅守信用的態度。言必信，行必果。不但是對人的尊重，更是對己的尊重。

當朋友託我們辦事時，我們提供幫助是情理之中的事。但是，辦事要量力而行，不要做「言過其實」的許諾。因爲，諾言能否兌現除了個人努力的問題，還受許多客觀條件的影響。平時可以辦到的事，由於客觀環境變化了，一時又辦不到，這種情形是常有的事。因此我們在朋友面前不要輕率地許諾，更不能明知辦不到的事還打腫臉充胖子，在朋友面前逞能，許下「寡信」的「輕諾」。

當你無法兌現諾言時，不僅得不到朋友的信任，還會失去更多的朋友。

5 高效的工作來自化繁為簡

一個有真正大才能的人能在工作過程中感到最高度的快樂，因爲他能簡化問題、避免冗繁。

世界五百強企業之一的寶潔公司，其制度具有人員精簡、結構簡單的特點。正是由於這樣有特點的公司制度，使得寶潔公司成為世界最大的日用消費品公司之一。在《財富》雜誌評選出的全球五百家最大服務業企業中，寶潔排名第八十六位。該公司全球雇員近十一萬人，並在八十多個國家設有工廠及分公司，所經營的三百多個品牌的產品暢銷一百六十多個國家和地區，其中包括織物及家居護理、美髮美容、嬰兒及家庭護理、健康護理、食品及飲料等。

寶潔公司強烈地厭惡任何超過一頁的備忘錄，推行簡單高效的卓越工作方法。曾任該公司總裁的哈里在談到寶潔公司的「一頁備忘錄」時說：「從意見中擇出事實的一頁報告，正是寶潔公司作決策的基礎。」

哈里當總裁期間，通常會在退回一個冗長的備忘錄時加上一條命令：「把它簡化成我所需要的東西！」如果該備忘錄過於複雜，他會加上一句：「我不理解複雜的情況，我只理解簡單明瞭的。」

無論我們從事什麼工作，最簡單的辦法就是最好的辦法。蘋果電腦公司前總裁約翰．斯卡利曾說過：「未來屬於簡單思考的人。」如何在複雜的工作環境中採用最簡單有效的手段和措施去解決問題，這是每一位企業管理人員和員工都必須認真思考的問題。

簡化問題是我們簡化工作的一個重要原則。正確地組織安排自己的工作，意味著準確地計算和支配自己的時間，雖然客觀條件使得你一時難以做到，但是只要你盡力堅持按計劃利用好自己的時間，並根據分析總結採取相應的改進措施，你就一定能夠提高效率。

簡化問題可以幫助我們把握工作的重點，集中精力做最重要或者最緊急的事情。在高強度的工作條件下，如果我們不能理清思路，以複雜問題簡單化的思路來開展工作，有針對性地解決重點問題，最初制訂的各項目標就難以實現。

在做一件事情的時候，你應該問自己三個這樣的問題：「能不能取消它？」「能不能把它與別的事情一起做？」「能不能用更簡單的方法完成它？」如果這三個問題的答案都是「能」，你就可以把複雜的事情簡單化，做事效率也就能明顯提高了。

簡化工作可以從工作中的一些細節入手。例如，可以通過有效地利用辦公用具達到簡化工作的目的。

❶有效地利用名片簡化人際管理

名片不僅僅是記錄姓名、電話的紙片，你還可以利用名片簡化人際管理。一位剛結識的人遞給你一張新名片後，你應該在名片上及時地記下你們見面的時間、地點、會談的主題和重點、由什麼人介紹你們認識，以及雙方約定的後續接觸事項。

❷合理地利用記事本

在記事本中，你應該分成四項來登記：常用電話號碼、待辦雜事、代寫的文件、待辦事項。事情辦完後，就可以用筆把它畫掉。

如果你覺得記事本的內容很複雜，你可以用不同顏色加以區分。比如說用紅色的筆記錄緊急的事情，黑色的筆記錄一般的事情。總之，可用不同的顏色標出事情的優先順序和重要程度。

❸做好環境管理

一個人的工作效率與他所處的工作環境有很大關係。辦公環境雜亂往往會使一個人在煩躁中度過效率低下的一天。不管你是高級主管還是普通的員工，如果不注重收拾自己的辦公環境，就可能在找東西上浪費很多時間。

每天下班後，你需要把目前不需要的各類書籍、資料夾、筆記和其他各種文件收到櫃子裡放好，爲第二天繼續工作做好準備。這樣，第二天你才能在一個井然有序的環境中工作，心情也會很好。

將簡化工作變成一種習慣，貴在執行。下面是哈佛大學的研究人員提出來的最實用的簡化工作的方法。

❶**清楚地知道工作的目標和具體要求，避免重複工作，從而減少發生錯誤的機會。**你要知道自己應該做什麼，工作的目標對你有什麼樣的影響，這個目標對你有什麼意義，當你搞清楚這些的時候，再進行工作。

❷主動提醒上級把工作按照優先順序進行排列，這樣可以大大減輕工作負擔。

❸當沒有必要進行溝通時，不要浪費時間。當完全沒有必要進行溝通時，不要浪費自己的時間和精力進行溝通，嘗試讓同事或者客戶改變什麼。

❹專注於工作本身。在工作中，你應該專注於工作，而非各類有關績效考核的名目。

6 真正可貴的因素是直覺

心理學家認爲，直覺屬於創造性思維的範疇，它可以產生和形成任何科學、藝術、技術產品的思想和構思，在人類認識史上佔有十分重要的地位。

二十世紀最偉大的科學家愛因斯坦說：「真正可貴的因素是直覺。」德國物理學家黑爾姆霍茲說，他的許多巧妙設想，「不是出現在精神疲憊或伏案工作的時候，而常常是在一夜酣睡之後的早上，或者是當天氣晴朗緩步攀登樹木蔥籠的小山時。」

還有些科學家的靈感和頓悟發生在病榻之上，愛因斯坦關於時間空間的深奧概括是在病床上想出來的。生物學家華萊士關於進化論中自然選擇的觀點，是在他發瘧疾時想到的。

青年數學家阿普頓剛到愛迪生的研究所工作時，愛迪生想考考他的能力，於是給了他一隻實驗用的燈泡，叫他計算燈泡的容積。

一個小時過去了，愛迪生回來檢查，發現阿普頓仍然忙著測量和計算，便指點他說：「要是我，就往燈泡裡灌水，將水倒入量杯，就知道燈泡的容積了。」

毫無疑問，身為數學家的阿普頓，他的計算才能及邏輯思維能力是令人欽佩的，然而，他所缺少的恰恰是像愛迪生那樣的直覺思維能力。

居里夫人在深入研究鈾射線的過程中，憑直覺感到鈾射線是一種原子的特性，除鈾外，還會有別的物質也具有這種特性。

想到了立刻就做！她馬上扔下對鈾的研究，決定檢查所有已知的化學物質，不久就發現另外一種物質——銑也能自發地發出射線，與鈾射線相似。

居里夫人提議把這種特性叫作放射性，鈾和銑這些有這種特性的元素就叫作放射性元素。這種放射性使居里夫人著了迷，她檢查全部的已知元素，發現只有鈾和釷有放射性。她又開始測量礦物的放射性，居然在一種不含鈾和釷的礦物中測量到了新的放射性，而且這種放射性比鈾和釷的放射性要強得多。憑直覺，她大膽地假定：這些礦物中一定含有一種放射性物質，它是今日還不知道的一種化學元素。

她力圖克制激動的聲音對布羅妮雅說：「你知道，我不能解釋的那種輻射，是由一種未知的化學元素產生的……這種元素一定存在，只要去找出來就行了！我確信它存在！我對一些物理學家談到過，他們都以為是實驗的錯誤，並且勸我們謹慎。但是我深信我沒有弄錯。」

在這種信念的驅使下，居里夫人終於和她丈夫一起發現了新的放射性元素：釙和鐳。居里夫人還以她出色的工作，兩次榮獲諾貝爾獎。

以上兩個例子都是對「直覺」的解釋，假如我們能夠瞭解，直覺是人類另一個認知系統，是和邏輯推理並行的一種能力，或許我們比較能夠接受直覺的存在。讓直覺進入我們的生活，與思考的能力並行，就像打開車子前面的兩個大燈，同時照亮我們左右兩邊的視野。

以下幾個方法，可以幫助我們找回這個能力。

❶放鬆獨處

不管是散步、獨自開車、躺在床上休息或淋浴泡澡，都是體察內心深處、找回直覺的最好時刻。很多人都有類似的經驗，「把一個問題帶上床」，醒來時就得到解答。只有在放鬆、放慢腳步的時候，才有機會聽到內在的聲音，找到決策時所需要的「直覺」。

❷保持心思意念的單純

當我們心裡充滿雜念或憂慮的時候，我們不但聽不到心裡的聲音，也沒辦法接收外在的訊息。

❸不要輕易打發突如其來的想法，或沒有預期的感動和情緒

直覺總是在無意之間翩然來到，我們所要做的是去聽清楚那是什麼東西，而不是急急地否定或壓抑它。

❹學著使用直覺判斷事情，並注意如何能成功地運用直覺

可以從小事開始練習，只給自己幾秒鐘的時間決定事情，例如點什麼菜？穿什麼衣服？或看哪一部電影？

也可以用心裡第一個反應去預測事情，當電話響的時候，猜猜看是誰打來的？這些練習可以鍛煉直覺的肌肉，幫助你用直覺來決定事情，而不是用理性的思考來尋找答案。

❺記錄自己的直覺或靈感

寫下突如其來的想法，或者有關直覺的具體觀察。長期記錄它們，有助於辨認直覺與錯覺。

直覺開發專家蘿珊娜芙提出一個「三定律」來教人辨認直覺。「當一個想法出現的時候，讓它走。當它再出現的時候，再讓它走。假如它第三次再回來，就可以放心地聽從這個感覺。」

透過簡短的筆記或長期的日記，可以幫助自己瞭解曾經有過什麼樣的感動或靈感，長期的記錄甚至可以連成一個具體的結果。達文西就是個勤於做筆記的人，他隨時寫下他所看到的、想到的東西，許多創作就是從這些筆記一點一滴出來的。

7 構建團隊才能實現夢想

優秀的ＣＥＯ往往會構建他們的團隊來一起實現夢想，即便是麥可．喬丹也需要隊友來一起打球比賽。

管理者必須掌握委派工作的技能，讓自己從繁雜的事務中解脫出來；同時讓下級得到鍛煉，讓他們創造自己崗位職責的績效和價值。

有些主管不重視委派工作，認爲這只是一個工作風格的問題，認爲交代一下就可以了。其實，委派工作是一項最基礎、最基本的工作，與管理風格沒有關係。委派對員工的好處主要體現在以下幾個方面：

❶委派能夠讓員工得到更多的鍛煉機會，激發他們的工作熱情；

❷委派能夠讓員工獨立承擔職責，行使某一項職權，讓他們能夠體會到工作的樂趣和自身的價值；

❸委派能夠讓員工的潛能得到開發，使員工對自己的職業發展更有信心。

委派可以讓組織、團隊更加有序、有機地運作，大家各司其職，合理分工，相互合作，共同完成組織的目標。組織目標的實現，不是單靠哪一個員工和管理者完成的，而是要靠所有的人。委派對管理者的影響主要體現在以下幾個方面：

❶委派可以使管理者從煩瑣的日常事務中脫離出來，提高自己的工作效率；

❷委派可以避免出現部門的大部分工作都壓在管理者身上的現象，能使管理者工作起來更輕鬆；

❸委派還能夠使管理者看到下屬實際的工作能力，以及他們在不同方面的特長、興趣、喜好等，增進對下屬的瞭解。

一個公司的管理者能夠有效地委派，也會使公司從中獲益，特別是當員工被授權可以在一定程度上決策的時候。因爲下屬總是比上司更接近客戶、更熟悉公司的日常業務，他們在自己的位置上作出的決定對公司是絕對有好處的。委派不僅可以使公司的業務流程更加通暢平滑，還能夠使公司內部的資訊、服務、物資和整個資金鏈更爲流暢。

各級組織和管理者向下委派工作，要能夠做到人盡其職，控制有力，檢查到位，提高執行力。同時，下屬在委派的工作中也得到了鍛煉，得到了成長，公司的發展才不會後繼無人。由此可見，委派對公司、對管理者、對員工個人都有很大的好處。

在企業裡面，有很多員工的潛能可能連他們自己都沒有發現，作爲一名管理者，要善於發現、善於挖掘和培養他們，爲企業儲備更多的人才。委派工作就是發現員工潛能的有效手段之一。管理者對委派必須有以下認知。

❶委派就是讓下屬承擔相應的工作和職責。這是作爲一名管理者對委派的正確認知。所以委派的工作一定要與下屬的職責、責任完全相關。

❷委派要讓下屬也享有完成其工作所需要的適當資源和許可權。也就是說下屬完成這件工作，在他職責範圍內的責、權、利一定要清晰、明瞭。

❸委派人同樣要對委派工作、被委派人負責。委派出去的工作如果出現錯誤，委派的上級也要承擔責任。

❹委派是由下屬完成工作，要讓他們自己決定怎樣去做，委派人只是起一個監督或者指導的作用。

❺委派不僅僅是給下屬提供鍛煉的機會，同時還是讓他們具備完成工作的能力，或者說這本身就是下屬的職責所在，即使他早已掌握了這樣的技能，出於職責的要求，他們還是要去做。

在工作過程中，作爲一名管理者要對自己委派工作的技能進行評估，瞭解自己委派工作的能力如何，以更好地發揮委派的作用。爲此，管理者可以通過以下要求評估自己委派工作的技能。

❶管理者應該對每一個下屬提出具體的期望和要求，然後用文字寫下來，再跟他們進行面談與溝通，要讓下屬知道對他們的具體期望和要求。

❷管理者應該讓下屬參與到解決問題、自我評估、設定目標和提高生產力的活動中去，讓下屬參與團隊管理工作。

❸管理者應該把每天工作的重心和多數時間去做管理組織和控制工作，而不是去做常規性的、瑣碎的或者技術性的具體工作。

❹管理者在分配工作任務的時候，應精心挑選最合適的人，知道到底把這個工作分派給誰，同時要知道誰在負責這個工作。

❺當委派工作出現一些問題的時候，管理者應讓受委派人自己解決問題，而不要太多、太直接地干預。

❻在委派工作的時候，管理者會針對工作中所有的細節問題作一個簡要說明，讓下屬明白工作的重點在哪裡。

❼委派可以幫助下屬改進和提高自己的工作技能。按照這個原則去分派工作時，委派的工作一定是對提高下屬的技能有利的。

❽在緊急情況下，管理者應該去支持和幫助下屬，但是不親自參與到具體工作中，或者幫助其完成。也就是說當下屬不能完成委派工作時，管理者不應該主動幫他完成，或者主動參與，除非下屬有請求。但是緊急狀況或特殊情形例外。

❾在分派工作任務的時候，管理者要強調所期望的結果，並要求下屬對這個結果負責，而不是強調如何去完成工作或者簡單地推卸責任，管理者也必須對這個結果負責。

❿管理者不要跟自己的下屬談更多的如何做的具體細節，應該強調工作任務是什麼，工作任務的細節問題要講清楚，但具體方案和行動計畫由下屬決定。

Part 3
你是我輸得起的明天

我確信生活就是一連串的嘗試和失敗。
我們只是偶爾獲得成功。
重要的是要不斷嘗試，勇於冒險。
——玫琳凱

第五章
總有人要贏，為什麼不能是你

1 每一天都面臨冒險

自有文字記載以來，冒險總是和人類緊緊相連。雖然火山噴發時所產生的大量火山灰掩埋了整個城鎮，雖然肆虐的洪水沖走了房屋和財產，但人們仍然願意回去重建家園，繼續生活。

颶風、地震、颱風、土石流等自然災害都無法阻止人類一次又一次勇敢地面對重建家園的危險。

當我們橫穿馬路的時候，總是有被車撞到的危險；當我們在海裡游泳的時候，也同樣有被捲入逆流或激浪的危險，坐飛機，也有墜機或劫機的危險。事實上，我們總是處於這樣那樣的冒險境地，因爲我們別無選擇。我們必須橫穿馬路才能走到另一邊去；我們也必須依靠汽車、飛機或輪船之類的交通工具，才能從一個地方到達另一個地方。

每個人在每一天都面臨冒險，除非我們永遠在一個點上原地不動。的確，當冒險的結果不太令人滿意的時候，總有人會說：「還是躺在床上保險。」很多人從來不願去冒險，似乎習慣於「躺在床上」過一輩子。

「千萬要小心謹慎從事」，許多人是在這樣一種告誡的語言環境中長大成熟的。正因爲周遭時時刻刻存在這樣的善意提醒，一般人很難掙脫原有束縛去冒一次險。

許多人從不考慮自己創業，因爲那「太冒風險了」。接受大公司的職位是他們的選擇，似乎其中不存在某天被解雇的風險。

工作和生活永遠是變化無窮的，我們每天都可能面臨改變。新的產品和新的服務不斷上市，新科技不斷被引進，新的任務被交付，出現新的同事，更換新的老闆……這些改變，也許微小，也許劇烈，但每一次改變，都需要我們調整心情，重新適應。

改變，意味著對某些舊習慣和老狀態的挑戰，如果你緊守著過去的行爲和思考模式，並且相信「我就是這個樣子」，那麼，新事物就會威脅到你的安全感。

我們有成爲成功人士的欲望，卻不敢冒險，怎麼能夠實現偉大的目標？冒險與收穫常常是結伴而行的。風險和利潤的大小是成正比的，巨大的風險能帶來巨大的效益。險中有夷，危中有利。要想有卓越的成果，就要敢冒風險。

劃時代的探險行爲不是時時發生的，也不是每一個探險家都會碰到的機遇。冒險精神不是探險行動，但探險家必須擁有足夠的冒險精神。沒有這一點，成功就與你無緣。

誰都知道螃蟹美味可口，然而，第一個吃螃蟹的人一定是帶著冒險精神去嘗試的。在商業競爭中，有遠見的人總是採取開拓型的經營決策，爭取主動，獲得比競爭者領先的優勢，從而出奇制勝。

大衛．湯瑪斯是溫蒂漢堡的創始人，他在世界各地擁有四千多家速食店。他這樣回憶自己的童年：

「我十二歲時，全家遷到田納西州的諾克思維爾。我設法使一位餐廳老闆相信我已十六歲，他才雇用我，每小時廿五美分。這是我的第一份工作。

「餐廳老闆弗蘭克和喬治．雷傑斯兄弟是希臘移民。剛來美國時，他們曾做過洗盤子和賣熱狗的工作。他們為自己訂下非常高的標準，但從來不要求雇員做他們自己做不到的事情。

「弗蘭克曾告訴我說：『孩子，只要你願意努力嘗試，你就能為我工作；如果你不努力嘗試，你就不能為我工作。』

「他所說的努力嘗試包括從工作到待客等一切內容，當時的小費是一個十美分的硬幣，但由於我能很快把東西送給顧客並服務周到，有時能得到廿五美分小費。我記得曾經數過一個晚上能接待多少客人，結果創下了一百位的紀錄。通過第一份工作，我認識到：只要你努力工作、努力嘗試，你就會成功。」

第一個做的是天才，第二個做的是庸才，第三個以後做的便是蠢才。一座金礦也許已被別人開採了八九次，你才去辛苦地加以再開採，那找到金子的機率微乎其微。眼光獨到的經營者都明白這樣一個道理：在一個尚未有人注意到的領域裡，要獲得成功，比在前面的金礦裡尋寶容易得多。

只有別人還沒有發現而你卻發現的機會才是黃金機會，儘管這樣做冒險，但不冒險就沒有贏，只要有一半的希望就值得冒險。

也許第一次嘗試，會挫傷你一往無前的勇氣與一馬當先的銳氣，也會扼殺你堅持頑強的韌勁與不怠不懈的幹勁。但是，碰了一次小小的「壁」，絕不應該放棄，而是一次次地繼續實踐、不斷嘗試，只要付出努力，最終會到達財富的彼岸。許多時候，我們失敗的真正原因在於：沒有去「再試一次」。正是缺乏「再嘗試一下」的努力，使得我們與唾手可得的機遇失之交臂。

2 敲門就進去

在創業的路上，面對最直接的利害得失，我們必須敢於作出自己的選擇，表達自己的態度，並且承受因我們的選擇而帶來的後果。

真正的勇氣就是秉持自己的意見，不管別人怎麼說。只要確定自己是對的，就堅持信念，無怨無悔。有時候成功源自「敲門就進去」的冒險，如果你根本沒有想過要冒險，那你就只能待在原地，安於現狀，你的日子很可能永遠過得呆板、懶散。

一個成功的人往往富有膽量和勇氣，如果沒有膽量和勇氣，機會來了也不敢去抓。

一天，日本三洋電機的創始人井植歲男家的園藝師傅對他說：「社長先生，我看您的事業越做越大，而我卻像樹上的蟬，一生都待在樹幹上，太沒出息了，您教我一點創業的秘訣吧。」

井植點點頭說：「行！我看你很適合園藝工作。這樣吧，在我工廠旁有兩萬坪空地，我們合作來種樹苗吧。」

「樹苗一棵多少錢能買到呢？」

「四十元。」井植又說，「一百萬的樹苗成本與肥料費用由我支付，你負責除草施肥工作。三年後，我們就可以收入六百多萬的利潤，到時候我們每人一半。」

聽到這裡，園藝師卻拒絕說：「哇，我可不敢做那麼大的生意！」

最後，他還是在井植家中栽種樹苗，按月拿工資，白白失去了致富良機。

每個人都有一定的安全區，你想跨越自己目前的成就，就不要劃地自限。只有勇於接受挑戰充實自我，你才會超越自己，發展得比想像中更好。

任何時候，過人的膽識和胸懷都是一個人重要的品質，做生意是這樣，做人是這樣，做任何事情都是這樣。只有如此，才能禁得起生活中的槍林彈雨，成爲勝利的那一個。

敲門就進去，做不好沒關係，總比什麼都不做、滯留在門前好。

3 冒險是潛能的引爆器

衝浪是一種挑戰極限的活動，玩家在學習駕馭浪頭時，會很清楚地意識到自己在對抗一股無法掌握的龐大力量。

永遠不可能有兩個相同的浪，海浪總是變化多端、捉摸不定的。但是，許多人卻把這視爲考驗身心的大好機會，他們甚至會主動尋找大浪，浪越大，樂趣越多，即使可能會被浪擊倒，吃進滿嘴的沙也無所謂，他們堅信不去經歷就無法突破。

衝浪者把對大海的恐懼當成興奮劑，利用浪的力量去攀上一個又一個高峰。有醫學報告指出，人體在危險的情況下，會進入一種「高度警戒」的狀態，幫助自己立刻有效地應付變局。換句話說，挑戰極限是人類天生的本能。

無可否認，所有的冒險都會令人感到興奮，同時也會令人產生焦慮。不過，話又說回來，在生命的過程中，冒險既然是不可避免的事，何不乾脆讓自己奮力放手一搏？

當然，誰也不想失敗。所以要確知哪些風險可以試試，哪些風險不能貿然行動。只瞭解事實是遠遠不夠的，你還必須瞭解你自己。

你一定要有個清楚的概念：你是通過害怕和野心這兩個放大鏡來觀察和評估風險的，而這兩塊鏡片下反映出來的東西，並不是永遠不走樣的。在決定下注的時間和地點之前，一定要認真考慮，包括你在人生奮鬥中所處的確切位置，以及那個位置對你所產生的影響。也就是說，你必須考慮以現在的條件，假設失敗了，是否還有後路可退，你有多少籌碼，等等。

但是賭注是一定要下的，即使你知道有可能輸。而且一旦籌碼落地，你就不能再想著輸了，要想著贏。即使你的賭注全輸了，你也不用過於灰心喪氣，因爲失敗是每個人都必須經歷的事情，是非常正常的。

冒險必定要付出一定的代價，在決策時就應該把這種代價考慮進去。總之，既要敢於冒險，又要儘量減少風險成本，這才是成功之道。

人生需要嘗試，特別是在創業時期。一般說來，創業之初並不知道最後的結果如何，那麼，在這個時期，就需要嘗試、嘗試、再嘗試，試驗、試驗、再試驗，挑戰、挑戰、再挑戰。

如果我們能夠嘗試著向前走，不被艱難和黑暗嚇倒，我們就會發現，其實一切並沒有那麼可怕。

世上沒有一步登天的事，必須不斷地在嘗試中學習，在嘗試中經歷錯誤，再加以修正。對於那些成功者而言，他們不可能輕而易舉地就獲取勝利的果實，而是在嘗試中逐步逼近預設的目標。顯然，沒有嘗試，任何人都是無法成功的。

我們會發覺有時候一條路看著黑，但是走下去卻未必如此，往往是走到近處的時候才會發現，原來並不太黑，甚至根本就是「亮」的。

這不僅是自然界的一種情形，在人生的事業、愛情、家庭、金錢和人際關係上也是如此。坐在那裡想，越想越可怕；坐在那裡看，越看越黑暗。如果我們能夠嘗試著向前走，不被艱難和黑暗嚇倒，大膽地去探一探究竟，我們就會發現，其實並沒有那麼可怕。

玫琳凱化妝品公司的創始人玫琳・凱曾講過她的創業故事：

「我首次舉辦化妝品銷售展時碰了一鼻子灰。我希望自己辦的銷售展能一舉打響公司品牌。但是那天我總共只賣了一塊五毛錢。

「離開銷售展地點後，我開車拐過一個街角，趴在方向盤上哭了起來。『那些人究意怎麼了？』我問自己，『她們為什麼不要這種奇妙的護膚品？』我的第一個反應便是懷疑自己是否太冒險了，或許準備得還不夠充分。

「我之所以憂心忡忡，是因為我把畢生積蓄全部投到這項新產品的研發中了。我對著鏡子問自己：『你究竟錯在哪裡？』這一問卻使我恍然大悟，因為我竟然從來沒想過請人訂貨。我忘了向外發訂貨單，卻只是指望那些女人會自動來買東西！

「是的，我失敗過，而且幾度差點崩潰，但是分析了前因後果之後，我從失敗中吸取了教訓。我數千次向玫琳凱公司的員工們講述這段往事。我要她們知道我的失敗經驗，但是我並沒有因此而灰心喪氣。那次的失敗，是我後來之所以能成功的原因，我確信生活就是一連串的嘗試和失敗，我們只是偶爾獲得成功。重要的是要不斷嘗試，勇於冒險。」

你相信一件事嗎？人人都是天生的冒險家。研究指出，人類從出生到五歲之間，即生命開始的前五年，是冒險最多的階段，學習的能力遠比往後數十年更強、更快。試想，一個不到五歲的幼兒，整天置身於從未經歷過的環境中，要不斷地自我嘗試，學習如何站立、走路、說話、吃飯等。這個階段的幼兒，無視跌倒、受傷，一切冒險皆視爲理所當然，也因爲如此，幼兒才能逐漸茁壯成長。

反而年紀越大，經歷過越多事情，就變得越膽小，越不敢嘗試冒險。這是爲什麼？理由很簡單，因爲大多數人根據過往的經驗得知，怎麼做是安全的，怎麼做是危險的。如果貿然從事不熟悉的事，很可能會對自己產生莫大的威脅。所以，年紀越大的人通常越討厭改變，喜歡安於現狀，因爲這樣才能讓他們感覺舒服。

行爲學家把這種心態稱爲「穩定的恐懼」，意思是說，因爲害怕失敗，所以恐懼冒險，結果「觀望」了一輩子，始終得不到自己想要的東西，殊不知，凡是值得做的事多少都帶有風險。

害怕冒險往往是因爲擔心自己的能力不足。然而，有趣的是，一旦勇於接受挑戰之後，絕大多數的人這才恍然大悟：自己擁有的能力竟然遠遠超過原來的想像！

瞭解自己具備「超能力」的確是一件非常過癮的事。在不斷嘗試的過程中，適時加入一些「調味」的冒險吧！就如兒時的尋寶遊戲一樣，走錯了路，大不了再轉過頭，沿原路走回來。即便失敗，也是一次饒有趣味的學習。若是成功，自然就會展開下一場冒險。

4 學會放棄，但不輕言放棄

大發明家愛迪生曾說：「我從來不做投機取巧的事情，我的發明除了照相術，沒有一項是由於幸運之神的光顧。一旦我下定決心，知道我應該往哪個方向努力，我就會勇往直前，一遍一遍地試驗，直到產生最終的結果。」

堅持不懈，不輕言放棄不是一時的衝動，而是需要養成一種習慣。

養成不輕言放棄的習慣，會讓你慢慢變得堅強，不把事情做完的話，你就會感到自己像個沒有志氣的懶蟲。

如果你不敢肯定能不能把工作完成，就很難開始做另外一件新的事情，這是很重要的一點，因爲從事的工作可能只花幾個小時，也可能要花許多年，但不管用多少時間，你都得面臨一個問題：完成這件工作呢，還是放棄它？那麼，你最好一開始就弄清楚自己是不是真的想要去完成它，它是不是你有能力去完成的，要不然你何必花這些心力和體力呢？

如果你在某一領域是專業人士，你的成功目標就是成爲這一領域的泰斗，那麼就不能是簡單地把計畫完成，你必須把作品展示出來，接受別人的評點。如果你爲了完成這個計畫已經付出了很多，那就堅持下去，最艱難的時候，往往是離成功最近的時候，告訴自己，既然選擇了就不要輕言放棄。說服自己，這就是最適合自己的。

不要輕言放棄，尤其不要在以下幾方面輕言放棄。

第一，不要輕易放棄做好人的信心。現實生活中，有許多東西需要我們珍惜，需要我們不輕言放棄，人類社會之所以充滿溫情，在於主流社會推崇真、善、美。做好人才會感到內心自在，生命裡才會洋溢著自由和幸福。

第二，絕對不要輕易放棄對自己的尊重。我們常常在鎂光燈下看成功人士的無限風光，時時感嘆——爲什麼別人那麼成功，自己卻這麼不濟？造物主怎能如此不公，將美麗、智慧、健康通通饋贈給了別人，而自己卻經常倒楣？

真的如此嗎？人人有本難念的經。成功人士內心其實也有很多痛楚，他們也不總是春光滿面，只是經過剪輯、螢幕美化的技術處理，我們通常只看到他們「要風得風，要雨得雨」的樣子，其實他們也與我們一樣。

第三，不要輕易放棄自己的夢想。總能看到或聽到一些人少年得志，十幾歲便出入有寶馬，居家住別墅，貼身帶隨從，十分風光。對此，我們可以讚賞，卻沒必要羨慕，更沒必要自慚形穢。人生的目標不同，每一個人的人生都自有各自的前進軌跡。古語說：「太公八十遇文王，老不老；甘羅十二爲丞相，小不小。」保持恬淡的心態，從容地面對生活，自在即是成功。

第四，不要輕易放棄爲這個時代而努力。有人感嘆：這是一個大師匱乏的時代。別難過，逝去的歲月大浪淘沙，沉澱下來的歷史河床中，我們自然能看見大魚。每個時代都能產生自己的英雄，若干年後，後人檢視我們，同樣會讚嘆這個時代的偉大。

當然，如果執著已久的目標一直沒有出現半點成功的跡象，甚至根本不可能成功，你只是礙於面子不好意思放棄，那就大膽些，改變自己，儘管去放棄。

英國著名詩人濟慈本來是學醫的，後來發現了自己有寫詩的才能，就當機立斷，放棄了醫學，把自己的整個生命投入到寫詩當中去。雖然只活了二十多歲，但爲人類留下了許多不朽的詩篇。

伽利略原本也是學醫的。他在被迫學習解剖學和生理學的時候，他卻偷著學習歐基里得幾何學和阿基米德數學，偷偷地研究複雜的數學問題，當他從比薩教堂的鐘擺上發現鐘擺原理的時候，他才剛滿十八歲。

所以，除了堅守，一個人也要學會放棄，放棄你不想做的事；一個人要學會選擇，選擇你喜歡並擅長做的事。只是在放棄之前，一定要問自己是否找到了更好的月臺。

總而言之，可以放棄，但不輕言放棄，每一次放棄之前，都深思熟慮一番，慎重面對每一次的放棄，這樣就可以減少日後不必要的後悔。

5 信念可以是天使，也可以是魔鬼

哈佛大學心理學教授威廉．詹姆斯曾說：「幾乎不論任何課程，只要你對它滿懷熱忱，你必定會爲了它廢寢忘食。倘使你對某項結果十分關心，你自然會獲得成功。如果你想做好，你就會做好。若是你想學習，你就會去學習。」

信念不是自然生成的，而是我們在過去的經驗中逐漸形成的，它是我們生命中活力的來源，指引出我們人生的方向，決定我們人生的價值。

五名礦工在礦井下採煤時，礦井突然倒塌，幸好礦井沒有完全壓住他們，只是出口被堵住了。

現在他們面臨的最大難題就是，如果不能及時得到救援，他們將由於呼吸不到氧氣而在兩個半小時內窒息而死。

五名礦工商定，為了盡可能地節省氧氣，大家都躺在地上，以儘量減少體力消耗。

在一片沉寂中，每個人的心裡都默默計算著時間，感覺死亡正一步步向他們逼近。

這五名礦工當中，只有一個人戴著表，於是另外四個礦工都不停地向這個人詢問：過了多久了？現在幾點了？還有多長時間？

礦工隊長發現，如果大家再這樣焦慮下去的話，他們將消耗更多的氧氣，可能連兩個半小時都堅持不了，於是決定讓戴表的礦工每隔半個小時報一次時間，其他人一律不許提問。

第一個半小時很快就過去了，戴表的礦工輕輕地說：「過去半小時了。」他一說完，就看到大家都擰緊了眉頭，不吭一聲。於是，在第二個半小時過去時，他沒有出聲，希望大家可以忘掉死亡。

當一個半小時過去時，他才慢慢地說：「一個小時過去了。」此時大家都感到這一個半小時猶如一天那麼長。接下來這個礦工依舊用這種方式來欺騙大家。

當時間過去三個半小時後，救難人員終於找到他們，而裡面幾乎已經無法呼吸了。

當把這五名礦工抬到地面上時，四名礦工安然無恙，只有一個人因窒息而死——這個人就是那個戴表的礦工。

這就是信念的力量——那四名礦工之所以能堅持那麼長的時間，就是因為他們的心裡有一個信念，就是氧氣足夠他們存活兩個半小時，而現在時間還不到；那名戴表的礦工之所以會窒息而死，是因為他知道礦井裡的氧氣只夠他們生存兩個半小時，而時間早過了！

可以說，只要有信念的支撐，我們就會無往而不勝，一旦喪失了信念，也就等於喪失了生存的希望。

我們經常會認為一個人的成就深受環境影響，有什麼樣的環境就有什麼樣的人生。這實在是荒謬極了，影響我們人生的絕不是環境，也不是機遇，而是要看我們對這一切抱著什麼樣的態度。

你的人生到底是喜劇收場還是悲劇落幕，是多姿多采還是平淡無奇，就全在於你到底抱著什麼樣的人生信念。

信念何以對我們的人生產生這麼大的影響？事實上，信念可算作我們人生中追求快樂、避開痛苦的力量。當一件事情發生時，腦海裡會自然浮現兩個問題：一是這件事對我是快樂還是痛苦（或者說是好還是壞），二是此刻我得採取什麼行動，才能避開痛苦或得到快樂。這兩個問題的答案如何，就全看我們以何種角度來思考。

6 世界這麼大，我要去看看

越來越多的年輕人爲了夢想而離家遠行，天天宅在家裡打遊戲上網聊天，或者守著一份撐不著餓不死的工作享受安逸，不如趁年輕出去闖一闖。

人生最痛苦的，就是後悔當年不曾爲了夢想而勇敢地闖蕩，最遺憾的便是不曾爲了未來注滿熱血，放手一搏。年輕，最需要的就是過一段沉默而執拗的日子，沉浸在充滿力量的奮鬥和努力中。對年輕來說，磨礪才叫生活。

很多人都喜歡討論比爾．蓋茲、賈伯斯等一干人的成功之道，拋開技術層面和行銷方面不談，從本質上說，他們兩個都是不安分的人，「想給這個世界帶來點新的東西」，只因爲這樣，他們才會在尚未興起的科技業上作出巨大貢獻。

兩個人連大學都沒上完就敢於創業了，有多少人能做到這一點？一個循規蹈矩、「安分守己」的人，絕對不會為冒險付出任何代價。

我們應該知道，風險與機遇並存，機遇與風險同在。年輕時，如果總是怕失敗，永遠也不會碰見機遇。聞名世界的石油大王洛克菲勒就是在風險中抓住機遇的。

在美國內戰前，時局動盪不安，各種令人不安的消息不斷傳出。人們都在忙著安排自己的家庭和財產，洛克菲勒卻沒有宅在家裡數錢，而是用智慧思考如何從戰爭中獲取附加利益。

他想：戰爭會使交通中斷，食品和資源匱乏，價格一定急劇波動，這不是獲得利益的最好時機嗎？洛克菲勒決定豁出一切去拼一下！

在沒有任何抵押的情況下，洛克菲勒用他的想法打動了一家銀行的總裁，籌到一筆資金。然後便開始走南闖北的生意之路。

一切都如他預想的那樣，不到半個月，南北戰爭爆發了，農產品價格上升了好幾倍。洛克菲勒的儲備為他帶來了巨額利潤，他的財富像滾雪球一樣越滾越大。

經過這件事，洛克菲勒記住一個秘訣：機遇藏在於動盪中，關鍵在於要敢投身進去拼搏闖蕩。

滿足於平庸生活的人是可悲的，當一個人滿足現有的生活時，他已經開始退化了。

敢於闖蕩的人總會發現一些新的東西，或者說創造一些新的東西，並且，他們總能想到別人想不到的地方，敢為天下先，這是成功的必要精神。年輕就是用來闖蕩的，用青春去享福是一種罪過，因為老了的時候再想去闖，就闖不動了。

7 最糟，也不過是從頭再來

最糟糕的事是什麼？損失金錢，失去愛情，離別親人，遭人陷害，還是被病痛折磨？不，這些都不是最糟糕的事，只要你的生命尚存一口氣息，只要你還活在這個世界上，你就沒有理由抱怨自己的現狀太糟。除此之外，任何東西你失去了，哪怕你現在一無所有，也只不過是從頭再來，沒什麼大不了。

人的一生是一段漫長的路程，不要因爲一時的失敗就否定自己，要有從頭再來的勇氣。要用平常心去看待人生中的起落，不能因爲一次的得失就斷定一生的成敗。人生的路上不可能永遠一帆風順，總有潮起潮落，有時失敗也未必是壞事，沒有昨天的失敗，未必有今天的成功。

人生最大的敵人是自己，只有敢於承認失敗的人，敢於從頭再來的人，才能最終戰勝自己，戰勝命運。面對失敗，我們沒什麼可抱怨的，從哪裡跌倒，就從哪裡爬起來。

這個世界上大多數人都失敗過，一些人越戰越勇，排除萬難迎來了成功，而另外一些人卻從此一蹶不振，陷入人生的泥沼。其實，所有的不幸都不可怕，可怕的是我們喪失了鬥志，失去了面對的勇氣。只要我們的生命還在，跌倒了就爬起來，所有的傷痛都可以療癒！

在堅強的生命面前，失敗並不是一種摧殘，也並不意味著你浪費了時間和生命，而恰恰是給了你一個重新開始的理由和機會。

一次討論會上，一位演說家面對會議室裡的兩百個人，手裡高舉著一張五十元鈔票問：「誰要這五十塊？」

一隻隻手舉了起來。

他接著說：「我打算把這五十塊送給你們當中的一位，在這之前，請准許我做一件事。」他說著，將鈔票揉成一團，然後問：「誰還要？」

仍有人舉起手來。

他又說：「那麼，假如我這樣做又會怎麼樣呢？」

他把鈔票扔到地上，又踏上一隻腳，並且用腳踩。而後，他拾起鈔票，鈔票已變得又髒又皺。

「現在誰還要？」還是有人舉起手來。

「朋友們，你們已經上了一堂很有意義的課。無論我如何對待這張鈔票，你們還是想要它，因為它並沒貶值，它依舊值五十元。」

在人生路上，我們又何嘗不是那「五十元」呢？無論我們遇到多少的艱難困苦或是失敗受挫多少次，我們其實還是我們自己，我們並不會因爲一次的失敗而失去固有的實力和價值，我們並不會因爲身陷挫折而貶值。生命的價值不因我們遇到的挫折或是困境而改變。無論發生什麼，我們永遠不會喪失價值，我們依然是無價之寶。只要抱著從頭再來的勇氣，下次的成功就一定屬於自己。

第六章
誰的人生沒有低潮，有路就好

1 改變環境不如適應環境

改變周圍的環境，想必是很多人都有過的夢想。比如，我們會抱怨周圍的衛生環境太差了，但是看到遍地的垃圾，自己也會把手裡的廢紙隨手一丟，還會安慰自己說反正已經髒成這樣了，也不多一張廢紙。也許，大多數人和你抱著同樣的想法。但是，如果每個人都從改變自己開始來適應環境，衛生環境不就改觀了嗎？

面對大環境，作爲個體，我們是無能爲力的，但是我們可以改變自己來適應環境。成功總是青睞那些認真工作、積極進取的人，如果成天一肚子牢騷委屈，自以爲大材小用，不僅沒有人同情，還可能會被環境所淘汰。

一般來說，職場中有兩種人——改變環境的人和適應環境的人，大多數人都是適應環境的人，就像堅韌的仙人掌，在多麼貧瘠的土地上也能夠生存。但還有那麼一些人，他們就像雨露一樣，慢慢地滲透土地，化貧瘠爲富饒。

有一個人總是落魄不得志，遂向智者求教。

智者沉思良久，默然舀起一瓢水，問：「這水是什麼形狀？」

這人搖頭：「水哪有什麼形狀？」

智者不答，只是把水倒入杯子，這人恍然大悟：「我知道了，水的形狀像杯子。」

智者搖頭，輕輕端起杯子，把水倒入一個盛滿沙土的盆，清清的水便一下融入沙土，不見了。

這個人陷入了沉默與思索。過了很久，他說：「我知道了，社會處處像一個規則的容器，人應該像水一樣，盛進什麼容器就是什麼形狀。而且，人還極可能在容器中消逝，就像這水一樣，消逝得迅速、突然，而且一切無法改變！」

「是這樣，」智者拈鬚，轉而又說，「又不是這樣！」說畢，智者出門，這人緊隨在後。

屋簷下，智者用手指著青石板上的小窩說：「一到雨天，雨水就會從屋簷落下，看！這個凹處就是水落下的結果。」

此人大悟：「我明白了，人可能被裝入規則的容器，但又可以像這小小的水滴，改變著這堅硬的青石板。」

智者說：「對！」

適應環境是人生來就有的潛能，人之所以爲人，也是長期進化的結果。

一位哲學家搭乘一個漁夫的小船過河。行船之際，這位哲學家向漁夫問道：「你懂得數學嗎？」

漁夫回答：「不懂。」

哲學家又問：「你懂得物理嗎？」

漁夫回答：「不懂。」

哲學家再問：「你懂得化學嗎？」

漁夫回答：「不懂。」

哲學家嘆道；「真遺憾！這樣你就等於失去了一半的生命。」

這時，水面上刮起了一陣狂風，把小船給掀翻了，漁夫和哲學家都掉進了水裡。

漁夫向哲學家喊道：「先生，你會游泳嗎？」

哲學家回答：「不會。」

漁夫非常遺憾地說：「那麼你就失去整個生命了！」

優勝劣汰，適者生存。學會適應環境，調節心態，這一生就必然會活得充實而精彩！

2 順境、逆境都能進步

生活是一種態度，每個人都會經歷挫折和不幸，每個人也都有獲得幸福的機會。你可以活得很積極，也可以很悲觀。同樣是生活，有人整天愁眉不展、唉聲嘆氣，有人卻過得精彩無限、有滋有味，你可以決定自己的命運，只要你肯審視自己的態度。

我們絕望與否，重要的不是處於順境或逆境，而是取決於對待順境或逆境的態度和方法。有的人無論順境、逆境都能進步，而有的人卻是任何時候都在墮落。

成功歷來只青睞那些即使面對絕境也絕不屈服、絕不放棄的人，不喜歡親近那些遇到點困難就絕望而退縮的膽小鬼。在人生的道路上，沒有一個人是沒有遇到過困難與挫折的，簡單來說，沒有困難的人生不是完整的人生。因此，我們不如用微笑來挑戰困難吧！

這個世界上，沒有爬不上的山，沒有過不了的河，再大的困難總有解決的方法。用冷靜和樂觀的心來面對困難，總能找到一個讓你堅持不懈的理由。有時看似處於絕境，但只要你勇敢去面對、挑戰它，成功往往就在絕境的拐彎處！

3 失敗是走上更高地位的開始

誰都不願意失敗，因爲失敗意味著之前的努力將付諸東流，意味著一次機會的喪失。不過，一生平順、沒遇到失敗的人，恐怕是少之又少。很多人都存在談敗色變的心理，然而，若從不同的角度來看，失敗其實是一種必要的過程，而且也是一種必要的投資。數學家習慣稱失敗爲「或然率」，科學家則稱之爲「實驗」，如果沒有前面一次又一次的「失敗」，哪裡有後面所謂的「成功」？

全世界著名的快遞公司DHL創辦人之一的林恩，對有過失敗經歷的員工總是情有獨鍾。每次他在面試新人時，必定會先問對方過去是否有失敗的經驗，如果對方回答「不曾失敗過」，林恩便會認為對方不是在說謊就是不願意冒險嘗試挑戰。

林恩說：「失敗是人之常情，而且我深信它是成功的一部分，有很多的成功都是由於失敗的累積而產生的。」他深信人不犯點錯，就永遠不會有機會從錯誤中學到東西，這遠比在成功中學到的多得多。

失敗並不可恥，不失敗才是反常，重要的是面對失敗的態度，是能反敗爲勝，還是就此一蹶不振？傑出的人絕不會因爲失敗而懷憂喪志，而是回過頭來分析、檢討、改正，並從中發掘重生的契機。

沮特・菲力說：「失敗，是走上更高地位的開始。」許多人之所以獲得最後的勝利，只是受惠於他們的屢敗屢戰。沒有遇見過大失敗的人，有時反而不知道什麼是大勝利。其實，若能把失敗當成人生必修的功課，你會發現，大部分的失敗都會給你帶來一些意想不到的好處呢！

猶太人說，世界上賣豆子的人應該是最快樂的，因為他們永遠不必擔心豆子賣不完。

猶太人為什麼不怕豆子賣不完？假如他們的豆子賣不完，可以拿回家去磨成豆漿，再拿出來賣給行人。如果豆漿賣不完，可以製成豆腐，豆腐賣不成，變硬了，就當作豆腐乾來賣。而豆腐乾賣不出去的話，就把這些豆腐乾醃起來，變成腐乳。

還有一種選擇是：賣豆人把賣不出去的豆子拿回家，加上水讓豆子發芽，幾天後就可改賣豆芽。豆芽如賣不動，就讓它長大些，變成豆苗。

如果豆苗還是賣不動，再讓它長大些，移植到花盆裡，當作盆景來賣。如果盆景賣不出去，那麼再把它移植到泥土中去，讓它生長。幾個月後，它結出了許多新豆子。一顆豆子現在變成了上百顆豆子，想想那是多划算的事！

一顆豆子在遭遇冷落的時候，可以有無數種精彩的選擇，一個人更應如此。

人生總免不了要遭遇這樣或者那樣的失敗。確切地說，我們每天都在經受和體驗各種失敗。有時候，我們甚至會在毫不經意和不知不覺之間與失敗不期而遇。當我們失敗時，如果能夠靜下心來坦然面對，換一個角度去思考，那麼在我們從另一個出口走出去時，就有可能看到另一番天地。

美國著名作家海明威在《老人與海》中，闡述了一個關於人的尊嚴的道理——「人可以被消滅，但不能被打敗！」無論我們要跌倒多少次，都能從失敗的廢墟上站起來！作爲一個現代人，應具有迎接挑戰的心理準備。世界充滿了機遇，也充滿了風險。要不斷提高自我應付挫折的能力，調整自己，增強社會適應力，堅信挫折中蘊含著機遇。

4 只有陰雨天才可以看到自己的腳印

世上沒有不可逾越的障礙，關鍵在於自身有沒有戰勝困難的勇氣和毅力，只要肯用心思考，辦法總比問題多。只要下定決心，一切困難都能迎刃而解。

世上無難事，只怕有心人！「沒有比腳更長的路，沒有比人更高的山」。明白了這一點，再大的困難在你面前都算不上困難；做到了這一點，困難也會爲你感動，天地萬物都會助你一臂之力。

在生活中，每個人都會遇到各種各樣的困難，誰也不可能一帆風順地走完一生。人，只要活著，就會遭遇挫折。遇到這些困難時，我們該怎麼做呢？好多人選擇了逃避，因爲他們怕困難把自己打倒，所以不肯去面對。但是想想看，逃避，困難就能化解嗎？當然是不可能的，逃避只能等著失敗來找自己，堅強地去面對或許還可能挽回局面。

困難總是隨時隨地地找我們，誰也不可能免得了困難的騷擾。但是很多人不明白，爲什麼有的人好像一輩子都沒有遇到過苦難？

其實不是沒有遇到過困難，而是他們總有一顆和困難抗衡的心，心越是堅強，困難也越容易對付，所以他們總是能開開心心地過好每一天，在他們身上看不到煩惱的影子。那些有成就的人，他們一生中遇到的困難更多，這也練就了他們一顆堅強的心。所以，他們才能在激烈的社會競爭中爭得一席之地，才能成就一番事業。

一個小和尚總覺得方丈對自己不公，因為方丈一連讓他做了三年誰也不願意做的行腳僧。

一天清晨，小和尚聽著外面滴答滴答的雨聲，心說今天總算可以休息一下了。誰知方丈照常敲開他的房門，嚴厲地問他：「你今天不外出化緣？」

小和尚不敢說是因為外面下雨，便和方丈打起了禪機。他故意走到床前一大堆破破爛爛的鞋子前面，左挑一雙不好，右挑一雙也不好，推拖著不願出門。

方丈一看就明白了，說：「你是不是覺得我對你嚴厲了點？別人一年都穿不破一雙鞋，你卻穿爛了這麼多的鞋子。而且今天還下著雨……」

小和尚點點頭。

方丈說：「那你今天就不用出去了，一會兒雨停了，隨我到寺前的路上走走吧。」

說也奇怪，不一會兒，雨真的停了。

寺前是一座黃土坡，由於剛下過雨，路面泥濘不堪。

方丈拍著小和尚的肩膀，說：「你是願意做一天和尚撞一天鐘，還是想做一個能光大佛法的名僧？」

小和尚說：「當然想做名僧。」

方丈捻鬚一笑，接著問：「你昨天是否在這條路上走過？」

小和尚：「當然。」

方丈：「你能找到自己的腳印嗎？」

小和尚不解：「我每天走的路都是又乾又硬，哪裡能找到自己的腳印？」

方丈笑笑說：「今天你再在這條路上走一趟，看看能不能找到自己的腳印？」

小和尚說：「當然能了。」

方丈又笑了，不再說話，只是看著小和尚。小和尚愣了一下，隨即明白了方丈的苦心。

泥濘的路上才有腳印，雨後的天空才有彩虹。痛苦是最好的老師，成長路上的每次磨難，不僅是對一個人最好的考驗，也是一種潛在的饋贈。刀靠石磨，人靠事磨，唯有滾水才能喚起茶葉的香，唯有磨礪才能將璞石打磨成寶玉。「沒有人能隨隨便便成功」，現實就是這麼殘酷，成功不會因爲你已經付出許多而青睞你，它只會迎接那些在泥濘的道路上走出來的人。

善靜和尚廿七歲時棄官出家，投奔至樂普山元安禪師門下，元安令他管理寺院的菜園。

有一天，一個僧人認為自己已經修業成功，可以下山雲遊了，就到元安那裡辭行。

元安決心考他一考，便笑著對他說：「四面都是山，你往何處去？」

僧人猜不透其中的禪理，無言以對，只好愁眉苦臉地往回走。路上經過寺院的菜園子，被正在鋤草的善靜發現，善靜就問他：「師兄為何苦惱？」

僧人就把事情的來龍去脈一五一十地告訴了善靜，善靜略一思忖，便悟到元安禪師所說的「四面都是山」就是暗指「重重困難」

「層層障礙」，實際上是想考考這位師兄的信念和決心，可惜他參不透師父的心意。

於是，善靜笑著對僧人說：「竹密豈妨流水過，山高怎阻野雲飛。」暗示僧人只要有決心，有毅力，任何高山都無法阻擋。

僧人如獲至寶，再次向元安辭行，並說：「竹密豈妨流水過，山高怎阻野雲飛。」他滿以為師父這次肯定會誇獎他，准他下山，誰知元安聽後先是一怔，繼而眉頭一皺，眼睛盯著僧人，肯定地說道：「這不是你的答案。是誰幫助你的？」

僧人無奈，只好說是善靜說的。

元安對那個僧人說：「善靜將來一定會有一番作為！多學著點兒吧，他都沒有提出下山，你還要下山嗎？」

磨難是一個人成長的標誌，只有經過歷練的人才可以在紛雜的社會裡站住腳。每個人一生之中都會遇到很多磨難，只有把磨難當作一種考驗才可以讓自己越來越堅強，從而活出自己的精彩。痛苦能讓一顆脆弱的心變得堅強，能讓一個弱不禁風的身體變得強壯。只有經歷過痛苦和磨難的人生，才是真正的人生。

總有很多人想逃避磨難，他們以爲沒有磨難的人生才是一個快樂的人生，才能享受到生活的樂趣。其實恰恰相反，只有經過痛苦和磨難的人才知道什麼是真正的快樂，沒有苦怎麼會嘗到甜的滋味，沒有煩惱怎麼會體會到快樂的生活，沒有壓力怎麼會明白什麼是追求，什麼是理想呢？

現實給予了每個人享受快樂的機會，但是也同時給予了每個人承受痛苦的能力，如果你不去承受痛苦，自己不會明白什麼才是真正的生活。

成功不是隨隨便便一句話就可以達到的，它是要經過磨難來考驗的，一個人如果沒有承受痛苦和磨難的能力，他又如何掌控成功呢。在人生的路上行走，只有陰雨天才可以看到自己的腳印，只有經歷過風雨打擊後的人生，才是有意義的人生；否則，即使你得到成功，也不知道該如何去享受它！

山峰再高，總有登上去的時候，河水再寬，也有跨過去的時候，只要你有一顆堅強的、持之以恆的心。做一個強人，你的生活也將沒有困難可言。

5 謝謝你曾經折磨我

你在遭受工作的折磨嗎？
你在遭受失戀的折磨嗎？
你在遭受病痛的折磨嗎？
……

無論我們正在經受什麼樣的折磨，都應該對折磨我們的那些事持一種感謝的態度。因爲那是命運給了我們一次戰勝自我、昇華自我的機會。

那些折磨你的事不一定都是壞事，它也許會讓你從中學會面對傷害、重新認識挫折、不停尋找出路、突然醒悟，發現一個全新的自己。

想獲得一個不一樣的人生，我們就要認清那些折磨過自己的人和事。當我們的心化浮躁爲平靜後，就會認識到，生命中的每件事、每個人，都會給我們一個獲得能量、昇華自己、向更高更遠處前進的機會。

著名作家羅曼．羅蘭說：「只有把抱怨別人和環境的心情，化爲上進的力量，才是成功的保證。」我們每一個人也只有學會感謝那些曾經折磨過自己的人或事，才能看見自己心中的遠闊，才能重新認識自己。

每一個人都擁有一個未知的人生，很多事情都是難以預料的。人生在世，免不了要遭受苦難，如不可抗拒的天災人禍，遭遇亂世或災荒，患上危及生命的重病，失去朋友、親人。還有那些發生在生活中的重大挫折，如失戀、婚姻破裂、事業失敗等。

人的一生總要經受很多折磨，承受各種苦難。有些人在面對種種折磨時，聽天由命，最後平庸地度過一輩子。有些人超越了這一切，最終擁有幸福快樂的一生。

獲得不一樣的人生並不難，只需要我們換個角度看世界，不用消極的態度看待那些曾經折磨過自己的事。這樣，折磨過我們的那些事，就會是一種促進我們成長的積極因素。

生命要經歷一次次蛻變，唯有經歷各種各樣的折磨，才能增加生命的厚度。一個學會感謝折磨的人，終將成爲一個意志堅強的人。也許在別人眼中，苦難、挫折和失敗如洪水猛獸，但在他們眼中卻自有美好之處，也正是經歷了這些，他們的人生才變得與眾不同。

在這個世界上，比遭遇折磨還要糟糕的，是從來不曾被人折磨過。因爲，當一個人受盡折磨時，他的潛能才會被激發出來，而且，唯有此時，他才能越挫越勇，逼迫自己去突破現狀。

然而，現實卻是很多人從來不懂得感謝生命中的那些折磨，他們總是為自己尋找各種理由和藉口，稍有困難和危險，他們就會馬上退縮，或繞開問題逃走。

在一個黑漆漆的屋子裡，教授帶著十個學生過一座獨木橋。教授告訴他們，你們什麼都不用想，只要跟著我走就行了。這十個人跟在他後面，如履平地般地穩穩走過了獨木橋。

然後，教授將屋裡的燈一盞盞全部打開，眾人定睛一看，嚇得面如土色。原來橋下水池中，有十幾條鱷魚正來回游著。

這時，教授一個人又不慌不忙地走回橋的另一端，對對面的學生說：「不要擔心，我們已經做好了相應的保護措施，很安全。你們再走過來試試？」

眾人皆搖頭，沒有一個人願意再過去了。

一個學生擔心地問：「如果我們掉在橋下的網上，把網砸破了怎麼辦？」

「橋與水池中間的那個鐵絲網很結實，即使你們落在上面也不會發生任何意外。」

又有人不放心地問：「如果鱷魚躍出水面，將網撕破，我們不就危險了嗎？」

「這個你們放心，我們已經做過多次實驗，鱷魚是搆不到那張網的。」教授又解釋。

學生們你一個問題，我一個問題，所有不確定因素都被教授一一解答並確保安全絕對無虞，還是沒有人願冒這個險。

通過這個實驗，我們可以看清人遇到問題時的表現。

當經歷過生命中的挫折和磨難時，我們該如何看待？心態決定命運，有什麼樣的觀念，就會得到什麼樣的人生模式。

我們應該努力強化自己，勇於競爭，這樣才能戰勝敵人、超越對手。

6 敵人可能是你最好的老師

有人曾這樣說過，懂你的敵人可能正是你最好的老師，你可以討厭他，但必須向他學習。

有時候，仇敵會對你更好些，朋友反倒對你更壞些。只有在和別人的角逐和較量中，我們才會收起所有的懶散和藉口，全力以赴地對待別人的挑釁，從而表現出超常規的毅力和智慧，甚至達到自己都難以相信的境界，這些都離不開對手的存在，是我們的敵人讓我們發揮出無限的潛能來。

金庸的《神鵰俠侶》中有一種叫情花的花，長得很美卻有劇毒，想解這種毒，需要一種叫斷腸草的植物。巧的是，斷腸草就生在情花旁。如小說中有一句臺詞：無論哪種植物，在離它五步之內必有它的剋星。如果這個世界上有一個比你更瞭解你、更懂你的人，很有可能他就是你的對手。

看看你身邊的敵人，往往從他的身上，你能真切感受到自己的水準，認識到自己的缺點和不足。

動物學家研究發現，儘管河兩岸羚羊的生存環境和食物儲量都是一樣的，但東岸羚羊繁殖能力遠遠強於西岸的，不僅如此，東岸羚羊的奔跑速度比西岸羚羊每分鐘要快十三米。

為了解釋這一現象，動物學家繼續深入研究，結果發現，原來東岸羚羊的附近生活著一個狼群，羚羊為了不被狼吃掉，每天都要全力奔跑逃命；而西岸的羚羊則不存在狼群的威脅，過著悠遊自在的日子。

動物學家隨機把兩岸的羚羊對換，結果放在東岸的西岸羚羊大多數被狼吃掉了，而放在西岸的東岸羚羊非但沒死掉，反而繁殖得更好，羊群更壯大。

生活在挪威的漁民為了賺個好價錢，常常費盡周折從深海裡捕撈出沙丁魚，可往往還沒等把沙丁魚運送回海岸，就已經口吐白沫，奄奄一息了。

死了的沙丁魚是不值錢的，為此漁民們想了很多的辦法，但都沒有成功。

然而，有一條漁船卻總能帶回活的沙丁魚上岸，船主為此賣出的價錢要比別人高出幾倍。人們百思不得其解，不明白船主究竟用了怎樣的方法。

後來，船主慷慨地告訴了人們其中的奧秘。原來，方法很簡單，他在沙丁魚槽裡放進了鯰魚。鯰魚是沙丁魚的天敵，當魚槽裡同時放有沙丁魚和鯰魚時，鯰魚出於天性就會不斷地追逐沙丁魚，在鯰魚的追逐下，沙丁魚拼命游動，激發了內部的活力，從而才活了下來。

適應天敵，戰勝天敵，才能讓你不斷挑戰新的自我，才能讓你不斷地進步。這個道理適用於所有的生物，號稱高等動物的人類也不例外。翻開歷史的長卷，細細體味，你將會發現，其實大部分人的聰明才智、光輝成就乃至不朽英明，都離不開對手的打擊和壓迫。

有時候，敵人並不比朋友可怕。因爲朋友往往會出於善意的保護，爲你編織一個又一個的美麗謊言，讓你毫不自知，沾沾自喜，意識不到自己身上存在的缺點和問題；敵人反而會激出你的潛能，讓你投入全部的精力去一爭高低。

你所面對的敵人越強大，你源於內心的壓力就會越大，這樣你的成長才會越迅速。

7 珍惜苦難帶給你的收穫

我們應該感謝苦難的光臨，珍惜苦難，才能有真正的收穫。面對苦難，我們應該感激它，感激它賜予我們機會，讓我們能夠更深刻地領悟人生，發現自己的價值，認清自己的缺點，指正自己的方向。

要知道，在這個世界上，每一個人都在經歷著只屬於自己的苦難，每一個人都恪守著自身獨特的苦難歷程，用自己的方式活著，守護著屬於自己的命運。

世界上沒有一條路是重複的，也沒有一個人生是可以替代的。在追求夢想的道路上，任何一次苦難都是唯一的，它不會給你致命的打擊，只會給你無窮的動力，只要你善於在苦難中找尋收穫，在苦難中找到屬於你的方向，而千萬別讓苦難戰勝了你！

在一次在聚會上，艾頓向他的朋友回憶起他的過去，這其中有後來成為英國首相的邱吉爾。

艾頓說，他出生在一個偏遠小鎮，父母早逝，是姐姐辛苦賺錢將他撫育成人。可是當姐姐出嫁後，姐夫便將他攆到舅舅家，舅媽很刻薄，在他讀書時，規定每天只能吃一頓飯，還得收拾馬廄和剪草坪。剛工作當學徒時，他根本租不起房子，有將近一年多時間是躲在郊外一處廢舊的倉庫裡睡覺……

邱吉爾驚訝地問：「以前怎麼沒聽你說過這些呢？」

艾頓笑道：「有什麼好說的呢？正在受苦或正在擺脫受苦的人，是沒有權利訴苦的。」

邱吉爾心頭一顫。

這位曾經在生活中失意、痛苦了很久的汽車商又說：「苦難變成財富是有條件的，這個條件就是，你戰勝了苦難並遠離苦難，不再受苦；只有在這時，苦難才是你值得驕傲的一筆人生財富。」

艾頓的一席話，使邱吉爾重新修訂了他「熱愛苦難」的信條。他在自傳中這樣寫道：「苦難是財富還是屈辱？當你戰勝了苦難時，它就是你的財富；可當苦難戰勝了你時，它就是你的屈辱。」

任何人的一生都不可能是一帆風順的，只有經得起苦難考驗的人生才是有價值有意義的人生。在經受苦難的過程中，如果你還沒擺脫苦難的糾纏，請別說你正在享受苦難，否則在別人看來，無異在請求廉價的憐憫甚至乞討；也別說正在苦難中鍛煉堅韌的品質，否則別人只會覺得你是在玩精神勝利、自我麻醉！

每一份苦難都可以是一種收穫，可如果你無法戰勝它，那麼你永遠沒有權利說你在苦難中收穫了什麼，這在別人眼裡，只不過是你在爲自己面對困難時的逃避找的一個藉口！

善待苦難，正視苦難，只有你擁有了承受苦難的意志，你才有可能真正戰勝苦難，享受苦難給你帶來的收穫。

海頓出生於奧地利南方邊境風景秀麗的羅勞村，其音樂天賦在他童年時就已顯露出來，加之天生的一副好嗓子，八歲時他就被選進多瑙河畔著名的海茵堡教堂和維也納的聖斯蒂芬教堂唱詩班。他刻苦學習聲樂、鋼琴與音樂理論，從不放過每一次觀摩學習的機會。

可是從十六歲開始，他甜美的歌喉開始逐漸沙啞。有一次奧地利女皇在欣賞聖斯蒂芬教堂唱詩班合唱時，突然聽到合唱隊裡傳出不協調的聲音，女皇當場諷刺他：「你的聲音聽起來好像樹梢上的烏鴉叫！」就因為女皇的這句話，海頓被唱詩班解雇，流落街頭。

流落街頭的海頓，先後給貴族當過僕人，看過大門，當過郵差，擦過皮鞋……但是窮困的生活並未使海頓對音樂失去信心，他格外珍惜這段難忘的經歷，並忘我地投入到各種街頭演奏、家庭重奏音樂會中，更加孜孜不倦地埋頭創作。

海頓的一生創作作品驚人，其中僅交響曲就多達一百零四部。正是那十幾年的流浪生活，使他認識了人間的苦難，聽懂了平民的呼喚，參透了大自然最真實的聲音。海頓的作品，苦難中充滿朝氣，語言質樸，樂曲流暢，後人尊稱他為「交響樂之父」。

如果沒有女皇的諷刺，海頓的一生將改寫；如果海頓在十多年的流浪生活中放棄了對夢想的追求，在苦難面前低下了頭，那麼世界上又將少了一個音樂家。

其實，很多時候，苦難並不可怕，可怕的是你不敢正視它，不敢揭開苦難的面紗。真理和謬論往往就在一瞬之間，每個人都會碰到，只有你自己才能真正地化苦難爲動力。就像當你餓的時候，就算身邊的人幫你吃再多，你也不可能飽！

珍惜苦難帶給你的收穫，不要在遭遇苦難的時候吹噓自己的勇敢，不要以爲苦難的收穫觸手可及，當你真正戰勝苦難獲得成功的時候，你才是把收穫攥在手裡。有一顆不怕苦難的心，發現苦難的價値，並伸手去抓住它，你的夢想才會離你越來越近。

Part 4
世界從不虧欠努力的你

我不敢在家休息，因為我沒有存款。
我上班不敢偷懶，因為我沒有成就。
我不敢說生活太累，因為我只能靠自己。
——網路勵志名言

第七章
別等了，就像沒有明天那樣去生活

1 浪費自己的時間，等於慢性自殺

回憶一下你的生活：

星期一早晨，你覺得起床對你來說太困難了；

你的洗衣機裡已經塞不下你的髒衣服了；

你明知道你染上了一些惡習，例如抽菸、喝酒，而又不願改掉，你常常跟自己說：「我要是願意的話，肯定可以戒掉。」

老闆交代的工作，你覺得可能做不完，或是今天太疲勞了，不如明天再做，那時可能精神更好；

每當接受新的工作時，你總是感到身體疲憊；

你想打掃房間、清理門窗、修剪草坪等，可是你卻遲遲沒有行動，你總有各種各樣的原因不想去做，諸如工作繁忙、身體很累、要看電視等；

你曾經由於遲遲不敢表白，而讓心愛的女子成了別人的妻子，自己卻暗暗傷懷；

你希望一輩子住在同一個地方，你不願意搬走，因爲新的環境會讓你頭疼；

總是制訂健身計畫，可你從不付諸行動……

你答應要帶孩子去玩，可是由於各種原因，你還是沒有履行諾言，你的孩子對你已經失望至極；

你羨慕朋友們去海邊旅行，你也有能力去，但總是因爲這樣那樣的藉口而一拖再拖……

對於喜歡拖延的人來說，常把「或許」「希望」「但願」作為心理支撐的系統，而所謂的「希望」「但願」在成功者眼中簡直是童話故事，浪費時間的藉口俯拾即是。無論你如何「希望」或是「但願」，顯然你只不過在為自己的拖延尋找藉口罷了。

我們常常會聽到人們說：

「我希望問題會得到解決。」

「但願情況會好一些。」

「或許明天會比較順利。」

……

事實上，情況會有所好轉嗎？你依舊在給自己找逃避痛苦的藉口罷了。你這是在欺騙自己。不要再煞費苦心地尋找拖延的理由了，要知道，生命對於我們而言總是有限的。

魯迅說過：浪費別人的時間等於謀財害命，浪費自己的時間等於慢性自殺。有人把人生比作列車，與真實列車不同的是，它沒有返回的可能。時間也一樣，如果把時間比作蠟燭，那麼走過的時間就是燃掉的燭火，難以回頭再燃一次，這是時間的特性。那麼，你所能做的是什麼呢？肯定不是拖延時間，浪費自己寶貴的生命吧。

一個人哇哇墜地的那一刻，生命的時鐘便已敲響，以後的每一分每一秒都將記錄著生命的歷程。

著名的科學家富蘭克林說過：「你熱愛生命嗎？那麼別浪費時間，因爲時間是組成生命的材料。」任何知識都要在時間當中獲得，任何工作都要在時間中進行，任何才智都要在時間中顯現，任何財富都要在時間中創造。珍惜時間就是在珍惜生命，只有這樣，你的生命長河才會散發出光芒。

時間對於不同的人意味著不同的結果。對商人，時間意味著金錢；對科學家，時間意味著知識與探索；對農民，時間意味著收成與豐收；

對個人來說，時間意味著成功與希望。

兩次獲得諾貝爾獎的居里夫人，從小就養成了珍惜時間的習慣。在她年輕時，爲了不讓煮飯占去學習時間，經常吃麵包，喝冷開水。

古今中外，像這樣珍惜時間、珍惜生命的名人還有很多。因爲他們知道：當時間與生命緊密相連的時候，時間的價值無法估量。應當珍惜生命的每一分每一秒，去學習，去創造，去攀登，讓有限的生命發揮出無限的價值。

莎士比亞說過：「時間無聲的腳步，是不會因爲我們有許多事情要處理而稍停片刻的。」兩千多年前，孔夫子也曾望「河」興嘆：「逝者如斯夫，不舍晝夜。」時間是無法蓄積的，當你伸出雙手去遮挽時，它會從你的手邊過去，即使你爲此而嘆息，它也會在你的嘆息裡閃過。

高效率的人視時間如生命，每一刻都充滿奮鬥的精神，他們深刻理解時間意味什麼；而拖延者，總是在抱怨不公中度過那僅剩的有限日子，在日復一日的拖延中浪費著寶貴的生命。

2 機會只鍾情不拖延的人

人們之所以會猶豫，是因爲一時之間對某事難以做出取捨，這個也想要，那個也想要，放棄哪個都捨不得。結果衡量來衡量去，最好的機會已經錯過了。

要抓住時機，成就未來，就要敢取敢捨，果斷作出選擇，積極採取行動。

機會擺在我們面前，而且我們明知道那是機會，卻因爲思慮太多而猶豫不決，結果機會眼睜睜地溜走，除了一聲嘆息，它沒有給我們留下任何東西。

我們如果能夠感知機會、看到機會，就要果斷地作出選擇，捨棄那些不必要的想法，快速地採取行動。

一般來說，一份良好的行動方案，可以幫助你按部就班地實施工作計畫。通常制訂一份有意義的工作周計畫至少需要半個小時，因爲，它需要你仔細地安排各個環節。

除此之外，你還要特別注意各個生活方面的平衡問題。許多人一想到「計畫」二字，就會自然而然地將自己的思維局限在工作上，從而僅僅注意了五天工作日的安排，卻忽略了最爲重要的雙休日。要知道，這兩天才是真正屬於你自己的時間。

因爲一周的時間相對較長，所以在周計畫中涉及的日常事務也就比日計畫要多出很多。爲了避免在制訂周計畫的過程中出現遺漏，你最好爲自己準備一個清單。而且，你還記得制訂日計畫的理想時間嗎？沒錯！就是前一天臨睡之前的一個小時！

以此類推，我們當然也需要在前一周就準備好這張周計畫的清單。如果你習慣將週一看作一周的開始，那就請你在前一周的週三或週四就把這張小紙條隨時帶在身邊，一旦想到任何與下周的計畫相關的事情就馬上把它寫在清單上。等到正式提筆制訂周計畫時，你就會發現這張小紙條的大用處了！

此外，如果你打算在接下來的一周中與某個生意夥伴或朋友約會見面的話，當然也需要提前與他們取得聯繫，確定碰面的時間和地點之後，再把相應的安排寫入周計畫中。

具體來說，如果你習慣在星期天制訂周計畫，那就要在週四或週五把工作上的約會都確定下來，不要等到週末下筆時才突然發現自己已經沒有辦法跟對方聯繫了；而如果你的周計畫是星期一的早上在辦公室完成的話，就最好在週末跟朋友約定具體的見面時間——這種做法不僅便於你做計畫，更能夠給對方提供足夠的時間去協調他們的排程。

3 治療猶豫的辦法就是行動

執行出錯帶來的危害遠不如行事猶豫不決帶來的危害大，靜止不動的事情比運動中的事物更容易損壞。

世界上有很多人光說不做，總在猶豫；有不少人只做不說，總在耕耘。成功與收穫總是光顧有了成功的方法並且付諸行動的人。過分謹慎和粗心大意一樣糟糕，如果你希望別人對你有信心，你就必須用令人信賴的方式表現自己。

過度慎重而不敢嘗試任何新的事物，對你的成就所造成的傷害，就像不經任何考慮就突發執行的後果一樣嚴重。沒遊過泳的人站在水邊，沒跳過傘的人站在機艙門口，都是越想越害怕，人處於不利境地時也是這樣。

治療恐懼的辦法就是行動，毫不猶豫地去做。再聰明的人，也要有積極的行動。思前想後，猶豫不決固然可以免去一些做錯事的可能，但更大的可能是會失去更多成功的機遇。

在偏遠地區有兩個和尚，其中一個貧窮，一個富裕。

有一天，窮和尚對富和尚說：「我想到南海去，您看怎麼樣？」

富和尚說：「我多年來就想租條船沿著長江而下，現在還沒做到呢，你憑什麼去？」

窮和尚說：「一個飯鉢就足夠了。」

第二年，窮和尚從南海歸來，把去南海的事告訴富和尚，富和尚深感慚愧。

窮和尚與富和尚的故事說明了一個簡單的道理：說一尺不如行一寸。沒有果敢的行動，一切夢想都只能化作泡影。現實是此岸，理想是彼岸，中間隔著湍急的河流，行動則是架在河上的橋梁。

令人筋疲力盡的並不是做事本身，而是思前想後患得患失的心態。一個失敗者的最大特徵就是顧慮再三，猶豫不決。

偉大的作家雨果說過：最擅長偷時間的小偷就是「遲疑」，它還會偷去你口袋中的「金錢」和「成功」。誠然我們沒百分之百的把握保證每一次決定都能獲得成功，但是現實的情況就是等待不如決斷。所以，在機會轉瞬即逝的當代社會，等待就意味著「放棄」，成功者寧願「立即失敗」，也不願猶豫不決。

所以，獲得成功的最有力的辦法，是排除一切干擾因素，迅速作出該怎麼做一件事的決定。而且一旦作出決定，就不要再繼續猶豫不決，以免決定受到影響。有的時候猶豫就意味著失去。

古羅馬有一位哲學家飽讀經書，富有才情，很多女人迷戀他。一天，一個女子來敲他的門，說：「讓我做你的妻子吧！錯過我，你將再也找不到比我更愛你的女人了！」

哲學家雖然也很喜歡她，卻回答說：「讓我考慮考慮！」

哲學家猶豫了很久，終於下定決心娶那位女子。他來到女人的家中，問女人的父親：「你的女兒呢？請你告訴她，我考慮清楚了，我決定娶她為妻！」

女人的父親冷漠地回答：「你來晚了十年，我女兒現在已經是三個孩子的媽了！」

哲學家聽了幾乎崩潰，以致憂患成疾。臨終時，他將自己所有的著作丟入火堆，只留下一句對人生的批註——下一次，我絕不猶豫！

所以，面對選擇，一定要迅速作出決斷，因爲機會一旦錯過了，是不會再有的。

人生的道路上，許多機會都是轉瞬即逝的。機會不會等人，如果猶豫不決，很可能會失去很多成功的機遇。猶豫拖延的人沒有必勝的信念，也不會有人信任他們。果斷積極的人就不一樣，他們是世界的主宰。放眼古今中外，能成大事者都是當機立斷之人，他們快速作出決定，並迅速執行。

綜觀歷史，一個人若比別人果斷，比別人迅速，較別人敢於冒險。因此，他們能把握更多的機會，往往能成爲成功者。一個人如果總是優柔寡斷，猶豫不決，或者總在毫無意義地思考自己的選擇，一旦有了新的情況就輕易改變自己的決定，往往成就不了任何事，只能羨慕別人的成功，在後悔中度過一生！

4 別讓完美主義成為成功的大敵

有一類人事事追求完美，我們可以稱他們爲完美主義者。完美主義者心中有一個不滅的目標——追求完美。這個意念縈繞在他們的心頭，促使他們一生中朝此奮鬥不息。

但是，他們給完美所下的定義不同於一般人所說的完美，一般的人給完美下的定義是「十全十美」。他們追求確定、精確的「完美」，並且，他們非常仔細地注意每一件事物的細微之處，有時竟達到吹毛求疵的地步。

這種態度使得他們在處世時顯得十分嚴謹，他們不願意輕易地下結論，但選定某個目標時就會十分投入，他們自認為自己的生活與別人不同，因此對其他人對自己的評語顯得過度的敏感。他們對待這些評語的態度也容易走向兩個極端，一是完全放棄，二是神經質似的自我失控。

主張完美主義和天生動作遲緩的人，必須設法借由工作的磨煉慢慢克服自己慢動作的毛病，每日多處理期限性的工作，機動力也就自然會漸漸提高。

許多成功人士的處事原則，是工作開始時一定要要求完美，但只要達到一定的水準便應該滿足；就算遇到問題，只要能牢記在心，作為下次的參考即可，不需要過度在意。這種「八十分就可以」的心態，也就是讓自己熬過漫長艱苦工作的秘訣。

想要在這個充滿壓力的時代中活得輕鬆快活一些，試著讓自己凡事抱持著尙可的態度是非常重要的。

建議大家行事要「力求不拖延」，不必太堅持完美，但如因此產生誤解也不好。所謂力求不拖延應該是在執行工作之時，而非最初的計畫階段。如推出何種商品、該採用什麼樣的銷售方式等工作計畫，必須盡可能收集完美的資訊，一旦開始執行，難免會發生種種狀況，即使結果與預期相反也是家常便飯。爲了突破這些障礙，事先預設可能會有二十分的誤差，也就是「不拖延主義」的態度是很重要的。

盲目地追求完美並不是好的方法，關鍵問題是要在保證工作品質的基礎上擁有更高的工作效率。一個單子做得再完美，它也不會變成兩個，只有想方設法簽到更多的單子，工作效率才能提高，工作業績才能上得去。所以不要在一些不必要的問題上花費太多的心思以追求所謂的完美。作爲一名員工，永遠要記住一條，那就是：公司追求的是效益，只有獲得最大的效益才是最完美的結果。

在工作中，我們不用把事事都做到最好，否則即使不會產生負面效應，對工作的整體評價也不會有太大的好處。把重要的事情解決好，讓自己的能力之箭射得又遠又準，這樣，我們的工作就算已經做得很出色了。

5 藉口是拖延的溫床

習慣性的拖延者通常也是製造藉口與託詞的專家。今天該做的事拖到明天完成，現在該打的電話等到一兩個小時後才打，這些人每當要付出勞動時，或要作出抉擇時，總會爲自己找出一些藉口來安慰自己，總想讓自己輕鬆些、舒服些。但，不論他們用多少方法來逃避責任，該做的事還是得做。

許多找藉口的人，在享受了藉口帶來的短暫快樂後，起初還會有點自責，可是，重複的次數一多，也就變得無所謂了，原本有點良知的心變得越來越麻木不仁。也許，藉口所說的原因，正是自己不能成功的真正原因吧。

找藉口的一個直接後果，就是容易讓人養成拖延的壞習慣。

在美國西點軍校，有一個廣為傳誦的優良傳統，學員遇到軍官問話時，只能有四種答覆：

「報告長官，是。」

「報告長官，不是。」

「報告長官，不知道。」

「報告長官，沒有任何藉口。」

除此以外，不能多說一個字。

「沒有任何藉口」是美國西點軍校兩百年來奉行的最主要的行動準則，是西點軍校傳授給每一位新生的第一個理念。它強化的是每一位學員想盡方法去完成任何一項任務，而不是為沒有完成任務去尋找藉口，哪怕是看似合理的藉口。秉承這一理念，無數西點畢業生在人生的各個範疇皆取得了非凡成績。

在現實生活中，我們缺少的正是那種想盡方法去完成任務的人。在他們身上，體現出一種遵從、老實的態度，一種負責、敬業的精神，一種完美的執行能力。

在工作當中，我們經常能夠聽到各種各樣的藉口：「那個客戶太挑剔了，我無法滿足他。」「我可以早到的，如果不是下雨。」「我沒學過。」「我沒有足夠的時間。」其實，在每一個藉口的背後，都暗藏著豐盛的潛臺詞，只是我們不好意思說出來，甚至我們根本就不願說出來。藉口讓我們暫時逃避了困難和責任，獲得了些許心理的慰藉。

尋找藉口的人都是因循守舊的人，這樣的人缺少一種創新能力和主動自發工作的才能，因此，期許這樣的人在工作中取得發明性的成就是徒勞的。藉口會讓他們躺在以前的經驗、規矩和思維慣性上舒暢地睡大覺。這其實是爲自身的才能或經驗不足而造成的失誤尋找藉口，這樣做顯然是非常不明智的。藉口能讓人逃避一時，卻不可能讓人如意一世。

沒有誰天生就才能非凡，正確的態度是正視現實，以一種積極的心態去盡力學習、不斷進取。當人們不思進取時會尋找藉口，藉口給人帶來的嚴重迫害是讓人消極頹喪，如果養成了尋找藉口的習慣，當遇到困難和挫折時，不是積極地去想辦法戰勝，而是去找各種各樣的藉口，其潛臺詞就是「我不行」「我不可能」，這種消極心態剝奪了個人勝利的機遇，最終讓人一事無成。

優秀的人從不在工作中尋找任何藉口，他們總是努力把每一項工作做到超越客戶的預期，最大限度地滿足客戶提出的請求，而不是尋找各種藉口推諉；他們總是傑出地完成上級交代的任務，替上級解決問題；

他們總是盡全力配合同事的工作，對同事提出的請求，從不找任何藉口推託或延遲。

拋棄找藉口的習慣，你就會在工作中學會大量解決問題的技巧，這樣，藉口就會離你越來越遠，而成功就會離你越來越近。

美國科學家格蘭特納說過這樣一段話：如果你有繫鞋帶的能力，你就有上天摘星的機遇。讓我們轉變對藉口的態度，把尋找藉口的光陰和精神用到盡力工作中來。因爲工作中沒有藉口，人生中沒有藉口，失敗沒有藉口，勝利也不屬於那些尋找藉口的人。

6 無所事事是對生命最大的辜負

「好無聊啊！」「真沒意思，不知道幹什麼！」你是不是經常發出這些訊息的主人？在說這些話的時候，你有沒有爲自己列一個表，有沒有做過一道計算題。現在，讓數字來告訴你——打電話一年半，看電視四年，購物一年半，最後剩餘時間爲十年。十年我們如何過？

你還會嫌棄時間足夠充裕不知道做什麼用嗎？還會在那裡感嘆無聊嗎？「每一個不曾起舞的日子，都是對生命的辜負！」尼采的這句話實在深入人心，令人深思。

岳飛在《滿江紅》裡曾說過：「莫等閒，白了少年頭，空悲切。」如果你總覺得日子很無聊，真的應該好好想一想我們究竟是爲了什麼而活著？

一天，生病的達爾文坐在籐椅上曬太陽，面容憔悴，精神不振。一個年輕人路過達爾文的面前。當他知道面前這個衰弱的老人就是寫著名的《物種起源》等作品的達爾文時，不禁驚異地問道：「達爾文先生，您身體這樣衰弱，常常生病，怎麼能做出那麼多事情呢？」

達爾文回答說：「我從來不認為半小時是微不足道的很小的一段時間。」

在這個世界上，你真正擁有，而且極度需要的只有時間，時間在生命中是如此重要，而許多人卻日復一日花費大量的時間去做無聊的事。

法國著名作家凡爾納每天早上五點就會起床，然後一直伏案寫到晚上八點。在這十五個小時中，他通常只在吃飯時休息片刻。但是通常都是妻子給他送到他寫作的地方，他搓搓痠脹的手，拿起刀叉，以最快的速度填飽肚子，抹抹嘴，就又拿起筆。

他的妻子看他如此辛苦，心疼地問：「你寫的書已經不少了，為什麼還不休息一下？」

凡爾納笑著說：「你記得莎士比亞的名言嗎？放棄時間的人，時間也放棄他，哪能不把握呢。」

在四十多年的寫作生涯中，凡爾納留下上萬冊筆記，寫了一百零四部科幻小說，共有八百多萬字，這是一個相當驚人的數字！

一些感到驚異的人就悄悄地詢問凡爾納的妻子，想打聽凡爾納取得如此驚人成就的秘訣。凡爾納的妻子坦然地說：「秘密嘛，就是凡爾納從不放棄時間。」

富蘭克林，美國《獨立宣言》的起草人之一。

曾經有人問他：「您怎麼能夠做那麼多的事情呢？」

富蘭克林笑笑說：「你看一看我的時間表就知道了。」

讓我們一起來看看他的時間表吧：

五點起床，規劃一天的事務，並自問：「我這一天要做好什麼事？」

八點至十一點，十四點至十七點，工作。

十二點至十三點，閱讀、吃午飯。

十八點至廿一點，吃晚飯、談話、娛樂、回顧一天的工作，並自問：「我今天做好了什麼事？」

朋友勸富蘭克林說：「天天如此，是不是過於……」

「你熱愛生命嗎？」富蘭克林擺擺手，打斷了朋友的談話，說，「那麼，別浪費時間，因為時間是組成生命的材料。」

生命有限，然而許多人卻活得單調乏味，想想十年前的事，彷彿就發生在昨天，十年一晃就過了，我們一生又有幾個十年呢？永遠不做一個無所事事混跡生活的人，也許我們不能使時光流逝的腳步放慢，但是我們可以珍惜時間，不辜負這一遭生命。

7 學會時間管理，做時間的主人

人們之所以會浪費時間，就在於他們沒有想到自己是時間的主人，沒有養成善於利用時間的好習慣。而這種習慣是一個人做人、做事、做學問的根本。但你若沒有這一良好的習慣，經常浪費時間，消耗生命，其結果是難以想像的。

一位富翁買了一幢豪華的別墅。從他住進去的那天起，每天下班回來，他總看見有個人從他的花園裡扛走一隻箱子，裝上卡車拉走。他來不及叫喊，那人就走了，這一天他決定開車去追。那輛卡車走得很慢，最後停在城郊的峽谷旁。陌生人把箱子卸下來扔進了山谷。富豪下車後，發現山谷裡堆滿了箱子，規格式樣都差不多。

他走過去問：「剛才我看見你從我家扛走一隻箱子，箱子裡裝的是什麼？這堆箱子又是幹什麼用的？」

那人打量了他一番，微微一笑說：「你家還有許多箱子要運走，你不知道？這些箱子都是你虛度的日子。」

「我虛度的日子？」

「對。你白白浪費掉的時光、虛度的年華。你朝夕盼望美好的時光，但美好時光到來後，你又幹了些什麼呢？你過來瞧，它們個個完美無缺，根本沒有用，不過現在……」

富豪走過來，順手打開了一個箱子。箱子裡有一條暮秋時節的道路。他的未婚妻踏著落葉慢慢走著。

他打開第二個箱子，裡面是一間病房。他的弟弟躺在病床上等他回去。

他打開第三個箱子，原來是他那間老房子。他那條忠實的狗臥在柵欄門口眼巴巴地望著門外，已經等了他兩年，骨瘦如柴。

富豪感到心口絞疼起來。

富豪痛苦地說：「先生，請你讓我取回這三隻箱子，我求求您。我有錢，您要多少都行。」

陌生人做了個根本不可能的手勢，意思是說：「太遲了，已經無法挽回。」說罷，那人和箱子一起消失了。

我們要妥善利用每一天的時間，提高人生的效率和品質。時間彌足珍貴，我們不能延長壽命，但可以通過善用時間的好習慣，來相對地將生命延長。這樣就等於增加了生活的「密度」，擴充了有限的生命內涵。

要管理好時間，就應做到以下幾點。

❶必須掌控好自己的工作時間

當你在有限的工作時間內，將所有預定的工作全部做完而且井井有條，不再覺得有許多忙不完的事，不再覺得工作紛繁複雜，還需要經常加班加點，不再會遺忘某些重要事情，那麼，恭喜你，你已經有效地掌控了自己的時間，成了時間的主人。

成功者往往在行動之前先作計畫，他們有可能在一個月還未開始之前就已經作好了這個月的一切安排。一個人只要能作出一天的計畫、一個月的計畫，並堅持原則按計劃行事，那麼在時間利用上，他就已經佔據了自己都無法想像的優勢。

成功者認爲，如果今天沒有爲明天的任何事情作計畫，那麼明天將無法擁有任何成果！而如果你失去了精力，那麼你將沒辦法把重要的任務做到盡善盡美！

❷前天晚上就要做好計畫

生命圖案就是由每一天拼湊而成的，成功者們往往從這樣一個角度來看待每一天的生活，在它來臨之際，或是在前一天晚上，把自己如何度過這一天的情形在頭腦中過一遍，然後再迎接這一天的到來。有了一天的計畫就能將一個人的注意力集中在「現在」。只要能將注意力集中在「現在」，那麼未來的大目標就會更加清晰，因爲未來是被「現在」創造出來的。

把每天的時間都安排、計畫好，這對你的成功是很重要的，這樣你可以每時每刻集中精力處理要做的事。把一周、一個月、一年的時間安排好，也是同樣重要的。這樣做，會給你一個整體方向，使你看到自己的宏圖，有助於你達到目的。

❸要保持充沛的精力

許多有巨大潛力的人們都只盯著他們的目標和計畫，而不去管其他的小事，因爲他們知道精力是需要保持和儲蓄的。快速行動就能全面生存，而旺盛的精力就是你快速行動的基礎。

馬克．吐溫說過：「行動的秘訣，就在於把那些龐雜或棘手的任務，分割成一個個簡單的小任務，然後從第一個開始下手。」

成功的人，並不能保證做對每一件事情，但是他永遠有辦法去做對最重要的事情，計畫就是一個排列優先順序的辦法。他們都善於規劃自己的人生，他們知道自己要實現哪些目標，並且擬訂一個詳細計畫，把所有要做的事都列下來，並按照優先順序排列，依照優先順序來做。

當然，有的時候沒有辦法百分之百按照計畫進行。但是，有了計畫，便給一個人提供了做事的優先順序，讓他可以在固定的時間內，完成需要做的事情。

即使是著名的富人，都非常重視自己的每一天的工作計畫，因爲只要做好了一天的計畫，就能發揮自己的最大能力，製造驚奇。計畫是爲了提供一個按部就班的行動指南：確立可行的目標，擬定計劃並訂出執行行動，最後確認出你完成目標之後所能得到的回報。

他們總是一件事接著一件事去做，如果一件事沒有完成，他是不會考慮去做第二件事的。凡事要有計劃，有了計畫再行動，成功的機率會大幅度提升。

❹任何時候都不晚

很多時候，很多人都會抱怨，當自己發現什麼是最重要的時候，已經晚了。然而覺得爲時已晚的時候，恰恰是最早的時候。

安曼曾經在紐約港務局工作並擔任工程師一職，他工作多年後按規定退休。

開始的時候，他很是失落。但他很快就高興起來了，因為他有了一個想法，他想創辦一家自己的工程公司。

安曼開始踏踏實實地、一步一個腳印地實施著自己的計畫，他設計的建築遍佈世界各地。

在退休後的三十多年裡，他實踐著自己在工作中沒有機會嘗試的大膽和新奇的設計，不停地創造著一個又一個令世人矚目的經典：衣索比亞首都阿迪斯阿貝巴機場、華盛頓杜勒斯機場、伊朗高速公路系統，賓州匹茲堡市中心建築……

這些作品被當作大學建築系和工程系教科書上常用的範例，也是安曼偉大夢想的見證。八十六歲的時候，他完成了最後一個作品——

當時世界上最長的懸體公路橋——紐約韋拉扎諾海峽橋。

如果你願意開始，認清目標，打定主意去做一件事，永遠不會晚。

第八章　人人是庸才，人人也都是天才

1　你是獨一無二的

成功心理學發現，每個人都具有某項與眾不同、獨一無二的優勢。所以只要認識自己的能力，發揮自己無窮的潛能，取得成功就不是很難了。

安東尼．羅賓本來是一名貧窮潦倒的小夥子，廿六歲時仍然住在僅十平方米的單身公寓裡，生活一團糟，人際關係惡劣，前途十分黯淡。然而，自從他發現內心蘊藏著無限的潛能之後，生活便開始大為改觀。

如今，他是一位白手起家、事業成功的億萬富翁，是當今最成功的世界級激發心靈潛能專家、成功的創業家及卓越的諮商顧問，他協助職業球隊、企業總裁、國家元首激發潛能，渡過各種困境及低潮。他的著作在全世界已有十數種譯本，受益的人不計其數。

每個人的潛能都是無窮的，但是需要你去開發、去利用。不管是工作還是學習，不管是要克服本領恐慌還是戰勝本領恐慌，都要開發你的潛能。潛能開發了，本領強大了，自然也就不恐慌了。

著名心理學家詹姆斯說：「我們只不過清醒了一半。我們只運用了身體上和精神上的一小部分資源，未開發的地方還有很多，我們有許多能力都被習慣性地糟蹋掉了。」

沒有發現自己潛能的人都是還沒有清晰地認識自我，「認識自我」這句鐫刻在古希臘戴爾菲城那座神廟裡唯一的碑銘，猶如一把千年不熄的火炬，表達了人類與生俱來的內在要求和至高無上的思考命題。

尼采曾說：「聰明的人只要能認識自己，便什麼也不會失去。」我們每個人都有無窮無盡的潛能，每個人都有自己獨特的個性和長處，每個人都可以選擇自己的目標，並通過不懈的努力去爭取屬於自己的成功。

認識自我，是我們每個人自信的基礎與依據。即使你所處的環境不好，遇事總是不順心，但只要你賴以自信的巨大潛能和獨特個性及優勢依然存在，你就可以堅信：我能行，我能成功。

一個人在自己的生活經歷中，在自己所處的社會境遇中，能否真正認識自我、肯定自我，如何塑造自我形象，如何把握自我發展，如何抉擇積極或消極的自我意識，將在很大程度上影響或決定著一個人的前程與命運。換句話說，你可能渺小而平庸，也可能偉大而傑出，這在很大程度上取決於你的自我意識究竟如何，取決於你是否能夠擁有真正的自信。請你一定要記住，認識自我，自己就是一座金礦，擁有自信、自主、自愛，你就一定能夠在自己的人生中展現出應有的風采。因此認識自我這一過程，同時也是接納自我，培養自信心、發掘潛能，最終實現目標的過程。

每個人都有自己的優勢和優點，很多時候是你沒有挖掘它和很好地培養它，總是以消極的心態埋藏它。我們應當充分地挖掘自己的潛能，喚醒自己的優勢，在良好的環境與條件下培養出自己更多的優勢和優點。因爲成功總是喜歡哪些善於開發自己的人。

最後，在認清自我的前提下，我們開始改正自我、挑戰自我。人生路上才能走得踏實、平穩。從總結過去的時間裡找回自我，從現實生活中去考驗自我，認清你的一切，成功總會伴隨著你。

許多人都喜歡把自己同別人相比較，用別人的觀點、方式來衡量自己，或滿心失落，或沾沾自喜。也許人最重要的還是要和自己比，看到自身的優勢之所在，找到適合自己的定位點，堅定、自信地走好自己的路。

如同天底下沒有相同的樹葉一樣，每個人身上都有自己不同於他人的優勢，讓我們做個聰明人，別光盯著自己的弱點，好好找找自己的優勢潛能，並把它發揮出來。

2 鑽石就在你的後花園

如果你堅信自己是塊寶石，那麼你就是一塊寶石；如果你堅信自己能成功，那你就一定能成功。

每個嚮往成功、不甘沉淪的人，都應該牢記蘇格拉底的這句話：

「本來，最優秀的就是你自己，只是你不敢相信自己，才把自己給忽略、給耽誤、給丟失了……」

印度河不遠的地方住著位波斯人阿里，他曾經擁有大片的蘭花花園、稻穀良田和繁盛的園林，知足而富有。

有一天，一位佛教僧侶前來拜訪他，向他講述了鑽石的魅力。於是阿里開始變得不知足，他變賣掉農場，把家交給鄰居，然後踏上了「美麗」的尋找鑽石之路。

但是他踏上的卻是一條不歸路。歷經滄桑的尋找結局，是他痛苦萬分地站在西班牙塞羅那海灣的岸邊，將自己投入迎面而來的巨浪中，永沉海底。

幾十年後的一天，阿里的繼承人牽著駱駝到花園裡去飲水時，突然發現在那淺淺的溪底白沙中閃爍著一道奇異的光芒，他伸手下去摸起一塊黑石頭，石頭上有一處閃閃發光，如彩虹般美麗，原來是鑽石，繼而在花園中又發現了許多比第一顆更漂亮更有價值的鑽石。

這就是印度戈爾康達鑽石礦被發現的經過。阿里尋找了一輩子的鑽石，其實就在自家的後花園裡。

很多時候，我們總是不敢相信自己，總是認爲別人比我們要強很多，一件事情要得到別人的肯定才是正確的。其實這又何必呢？你自己本身就是一座金閃閃的金礦！只是你沒有發現罷了。

3 敢於嘗試，才能發揮優勢

加比是巴西新聞界才華出眾、家喻戶曉的女記者，在廿七年的新聞報導中，她成績卓著，一九九〇年被評為全國傑出女性，榮獲政府獎。

加比一九四八年出生在巴西聖保羅州一個歐洲移民的家庭，她的理想曾是做一名牙科醫生，但她剛剛進入醫學院就意識到自己走錯了路，改攻心理學，可是經過一段心理學的訓練後，她仍覺得這不是自己應走的路，結果她棄學，隻身來到首都巴西利亞尋求新的出路。

在首都她又試著學習繪畫，還參加了電影創作。十九歲那年，她獲取了巴西《國家報》新聞專業的進修結業證。於是她滿懷熱情找到巴西《環球》新聞網的董事長馬里奧，希望在電視或報界從業，但馬里奧對她不屑一顧。

吃了閉門羹的加比沒有灰心，再次向這位巴西新聞界的巨頭提出申請，馬里奧終於為這個姑娘的執著所感動，同意她到電視臺當一名實習記者。由此開始了她的電視節目主持人生涯。

加比相貌並不出眾，但她思維敏捷、知識淵博、談吐不俗，她主持的《面對面》人物專訪成為巴西電視臺收視率最高的節目之一。除了電視，她還主持過《今日婦女》《聖保羅之晨》《奇妙世界》等專題節目。

她採訪的對象遍及各種人物，總統、部長、社會名流、國外政界要人，都上過她的節目，只要打開電視機，就不難見到她的音容笑貌。

加比工作出色，但生活卻不盡如人意。幾年前，丈夫給她留下兩個兒子自己走了，但家庭的不幸沒能挫敗她的生活志趣，她每天清晨健美一小時，喝一杯牛奶，然後讀書、看報，下午四點進攝影棚，直到晚上九點才回家，每天都處在一種急忙的狀態，但她自己感到自己的生活很有情調，也很有意義。

加比說：「我雖然很忙、很累，但我熱愛這工作，我要把更多、更好、更豐富的電視節目獻給我的觀眾。」

加比找到了最適合自己的位置，讓自己在合適的位置上充分展示了才華。

有一位女孩，從十六歲就開始徒步旅行，她用兩年多時間，途經十四個國家，縱跨非洲大陸，創下金氏紀錄。她就是菲奧娜·坎貝爾。

在菲奧娜的整個旅途中，最艱苦的日子是在薩伊境內。那裡政局混亂，她被法國外籍軍團空運出境。

當她又回來時，她的野外生存訓練教練米爾斯陪她日行五十公里。但以後的幾個月如噩夢一般，她走到哪裡都遭到滿懷敵意者的攻擊，他們向她扔石頭，肆意侮辱她、打她。

她回答記者訪問時說：「當地人既仇視又害怕我們，以為我們是人口販子，專吃婦幼的野人，當大大小小的石頭落在身上，你唯一的辦法是保持原來的速度繼續前進，一切都是註定了的，不要抱怨，不要消沉。」

不幸的是，她和米爾斯在途中得了痢疾，以致他們在熱帶雨林裡整整困了七個月，從早到晚，頭髮就沒乾過，衣服也在發黴，身上處處是瘡，難以癒合。她指著身上的膿疱對記者說：「你光看外表乾了，以為已經好了，其實不然，裡面還是爛的。」

儘管如此，菲奧娜從未想過放棄。她說：「當你不知道何去何從的時候，你會感到世界是如此空曠，廣漠而令人迷茫。這是一次折磨人的探險。一般只要吃幾個月的苦就足夠了，這一次卻整整持續了兩年多時間，所以我必須好好地安排生活。」

在這樣周遊世界的長途跋涉中，菲奧娜的許多想法發生了根本的轉變。她曾因為不得不隨著身為皇家海軍軍官的父親搬了廿二次家、轉了十五次學而怨恨父親。但在她走完了從雪梨到伯斯的五千公里路程時，也走出了對父親的怨恨。

現在的菲奧娜已走出成熟與自信，她的周遊計畫沒變，但周遊的初衷已經變了。她認真地說：「我現在明顯地變了一個人，雖然我說不出到底哪兒變了，但我肯定是有不少變化。我現在已經看到我需要的一些東西，以前我從未意識到我需要它們——比如家庭。」

菲奧娜的行動可能也是許多年輕人的夢想，她勇敢地將夢一個個賦予了行動。而且她在行動中發現、表達並昇華了自己對一個個嶄新環境的敏銳的感悟和理解能力。

這種經歷和心路積澱成爲她一生的精神寶藏，那些極特殊的環境挫折從不同角度開發了她的潛能，啓動了她潛在的耐受力、爆發力、應變力、支配性和獨創性。當她閱歷了各種文化環境後，她才更知道自己是誰，自己能做什麼，才真正懂得了生命的真諦。

「嘗試」作爲一種行爲方式，有助於人順著行動的自然性理解自己，在盡力做事的過程中發現自己潛在的獨特能力。

4 讓興趣催化潛能

獅子再唯我獨尊，也不會去同大象比誰的鼻子長；豹子再不可一世，也不會去同鯨魚比誰的水性好。這是一個並不深奧的道理，那就是，再強悍的人，也不會處處去同別人的強項進行比較。因爲對我們來說，對自己真正有益處的事，並不是不斷去發掘自己的缺點、缺陷和不如人之處，繼而打擊自己，而是要時刻發掘自己的天賦，建立自信和驕傲。

如果我們叫喬丹去踢足球，那麼我們將失去一位偉大的籃球巨星；如果我們叫馬拉多納去打籃球，結果也一樣。愛因斯坦做不了音樂家，貝多芬也做不了數學家，天才只屬於某一專長的領域，不可能也沒有必要精通一切。

這個世界上並沒有全才，所以一個人有某方面的缺憾絕不代表他整個人生的失敗。反過來想想，缺憾本身不也是一種美嗎？即便不是美，拋開缺陷，你身上總還有美的地方，我們爲什麼不學會欣賞自己的美，而要苦苦去關注自己的不足呢？只要滿懷信心地面對自己、欣賞自己，尋找自己的天賦，運用天賦的力量，向著渴望的目標步步推進，成功早晚將會屬於你。

要確定自己的終生奮鬥目標，首先要問問你自己的興趣所在。所謂興趣，是指一個人力求認識某種事物或愛好某種活動的心理傾向，這種心理傾向是和一定的情感聯繫著的。

愛因斯坦四歲時，父親送給他一個指南針。指南針無論怎麼擺放，指針總是朝著那個方向。

「這裡面一定有什麼神秘的力量在起作用！」這使他感到了莫大的驚奇，從而激發了他對科學的興趣。

愛因斯坦在自傳中追溯自己的科學歷程時，專門談了這件事給他心靈帶來的震動。他認爲，思維世界的發展在某種意義上是對驚奇的不斷擺脫。

古希臘著名哲學家柏拉圖說：「若把『強制』與『嚴格』這種訓練少年們孜孜求學的方式，改爲引導興趣爲主，他們勢必勁力噴湧，欲罷不能。」

心理學家皮亞傑指出：「所有智力方面的工作都依賴於樂趣。」有了興趣，人們就會自覺地從事或追求這件事。興趣、愛好是一種動力，它使人勤奮，使人堅持不懈地持續下去。

然而，很多人會說，他知道從事自己感興趣的事情是多麼愉快，但是就是對自己所做的事不感興趣。在這種情況下，他有兩種選擇，一是徹底地放棄自己正在做的事，尋找自己真正感興趣的事。二是在自己無法從事自己最熱衷的工作時，與其怨天尤人，不如在工作中找到樂趣。

每個人都有許多的興趣，為此，要對興趣進行選擇。因為興趣是一柄雙刃劍，很多興趣不但對成功無益，反而嚴重地影響自己的生活。例如，對賭博、吸毒興趣越大，對人的損害也就越大，所以興趣並不能完全由著自己的性子來，需要意志、志向的控制和引導。

在人生的道路上，我們會碰到各種各樣讓我們感興趣的人和事，為此，我們要有敏銳的判斷力和堅定的意志，選擇那些值得我們去追求的興趣。讓這種積極向上的興趣促使我們自身各方面的潛能和優勢得以極大發揮，從而促使我們奔向人生成功的目標。

5 關注什麼，很可能就成為什麼

努力從正面的角度看待事情，會吸引你的成功條件，想什麼也就真的會得到什麼。如：我們渴望財富，就應該把自己的關注點集中在如何獲取財富上，心中堅信自己總有一天會成爲富翁，並積極地向著這個方向邁進，你就真的可能成爲一個富翁。相反，如果你整天想爲什麼我會這麼貧窮，由於你的注意力只有貧窮，你就真的難以擺脫貧窮了。

人們總是忌諱那些消極的詞語，於是就會用積極詞語的否定形式來表述不好的事情。比如：身體狀況不是很好，就說身體「欠佳」，貧窮就說「不夠富裕」，失敗就說成「失利」。總之，很多時候人們不願意把消極詞語輕易說出口，因爲消極詞語就意味著消極意識，往往會帶來不好的負面效果。人們忌諱禍從口出，所以就不把這些不吉利的字眼講出來，怕這些話語會帶來不好的吸引力，這也是吸引力法則的體現。

在古代，人們似乎就已經感覺到了吸引力法則的效應，所以在說話的時候往往存在很多忌諱，擔心亂說會招來災禍。西方人忌諱數字十三，日本人忌諱數字四，都是因爲這些數字會讓有這樣文化傳統的人聯想到不祥和災難，而關注這些負面資訊在吸引力法則的作用下就容易帶來禍患和災難。所以人們就忌諱這些，避免自己的注意力引來不必要的麻煩。

我們希望自己變成什麼樣子，最終我們就真的會成爲那個樣子。如果我們願意，可以很容易讓自己的心情變得憂鬱，反過來也一樣。但重要的是我們應該認識到，如果我們一直按照一種方式重複類似的思考，這種思考不僅僅會在我們的性格上體現出來，而且還會在我們身體的變化上體現出來。

意識可以成就一個人，也可以毀滅一個人。一個渴望變得活力四射的人會比常人更有活力；一個希望自己有勇氣的人能變得勇氣十足；那些堅信「我一定能行」的人就可能做到他想做到的；而那些想著「我恐怕不行」的人就可能會落在別人身後。在現實中很多事實都證明了這個觀點。那麼，到底是什麼導致了這種差異的發生？沒錯，就是思想！只有你的思想能做到這些。

一個強有力的思想自然而然就會讓我們行動起來，只要你是很認真地在考慮一個問題，你的行動就會自動幫助你完成這件事。

既然知道我們的思想意識會吸引我們未來的生活，那麼我們就需要擺正自己的心態，積極地去思考和面對問題，給潛意識輸入正面的指令。如果我們追求成功，我們就要在自己的意識中關注成功，忽略一時的失敗。吸引力法則會發揮作用吸引你所關注的東西。只要我們把如何成功當作每天必須關注的內容，並且堅持下去，我們的未來就會成功。

6 不懈求知才能贏得勝利

沒有人是完美無瑕的，努力找出自己和別人內在人格中的優點，保持這些優點，努力改進其他不足之處，人格的特質就會日臻完善。

求知是積累優勢走向成功的第一步。有成就的人往往更愛學習，因爲這可以保持他們的優勢。

亨利．布萊頓這個大忙人雖然年僅三十，但卻已經是美國SERVO公司的總經理，為當前美國頂尖的彈道導彈專家之一。

雖然已經身居要職，布萊頓依然勤學不輟，一天辛勤工作完後，晚上他還要上課繼續進修學習，他選擇的科目是素描。為什麼要學素描？布萊頓的回答令人感動：「因為素描可以有效地將我的創意，描述給自己領導的技術人員知道。」

雖然他已經功成名就，但他不認為這是人生的終點。他還利用晚上的閒置時間學習打字、西班牙語、管理學、演講術等，凡是對他的經營有幫助的他都學。事實上，他也真的能學以致用，並且都收到了很好的效果。

地球一直在轉，時代不斷地進步，若想跟上時代，就應該不斷努力學習。爲什麼亨利．布萊頓如此熱中於學習呢？因爲他瞭解一個事實——人生非常短暫，每天能讓自己思考和學習的時間極爲有限。因此，凡是能用來自由思考和學習的時間，他連一分一秒都不願浪費，並且設法做有效的利用；他希望能在自己的工作上或專業範圍內獲得絕對的成功。一個真正成功的人，即使每天工作再多再累，他也絕不埋怨，並且還要騰出時間繼續進修學習。

的確，唯有努力才能使人成功；但一次成功並非終點，必須爲獲得下一次成功而再接再厲。從古至今，凡是有大成就者都不肯滿足於現狀，他們總是不斷地爲更美好的明天作準備。你不妨利用閒暇的時間去學一些對工作或提升工作效率有益的事。有效地利用目前可供自己自由思考和學習的時間，爲將來的成功奠定基礎。

這是投資，也是保險！不論你從事什麼樣的職業，工作以外的時間，你都在做些什麼？這些時間都是屬於你自己的自由時間，但是，你是不是有效地利用了這些時間？有沒有在這些時間裡做有意義的事？例如，閱讀一些與專業知識有關的書，或是思考如何讓工作做得更好？你不妨捫心自問一下。

當然，我們不必整天處於緊張狀態，爲了走更長的路，我們也需要休息，再者，我們絕對不想讓自己的生活裡只有工作；但很重要的是，時間就是生命，別將寶貴的時間完全浪費在玩樂上。你應該審慎地思考一些有意義的事，就像亨利．布萊頓所說：「人類擁有頭腦──一個如此神奇的東西，如果把它浪費在一些無聊事上，豈不太可惜了！」

如果你想創造更美好的明天，就應該將自己能自由運用的時間，用來做可以提高工作效率或具有實際價值的事。吸收新知，可以幫助你在某些時刻引發深藏在內心深處僅屬於自己的原始創意；或許將來某一天，這些創意都成了你的優勢，成爲你走向成功的有利工具。知識，無論你學了多少，都將累積在你的腦海裡，成爲你自己的東西，既不會消失，別人也偷不走。

如果沒有優勢，怎麼辦？俗話說「勤能補拙」。當你走上紛繁複雜的社會之後，首先要認定自己是「巧」還是「拙」。也許你感到自己在茫茫人海中是多麼渺小，你原先學到的一點東西也確實是滄海一粟。當然，剛剛走上社會之後，承認自己「拙」的人並不太多，大多數人都認爲自己不是天才，至少也是個有用之才！但現實生活中，真正能一步衝天的年輕人真的很少！有的不僅衝不起來，還跌下來摔了跟頭。爲何如此？一是知識不夠，二是能力不足！

其實，對於這兩種不足，都可運用一個辦法加以補救——「勤」。

一個人的能力，尤其是專業知識、工作規劃以及處理問題的能力，都不是三兩天就可以培養起來的，但只要「勤」，就能有效地提高自己這方面的能力！所以勤本身就是一種優勢資源。

所謂「勤」，就是要勤學，在自己的工作崗位上一刻也不放棄，一個機會也不放棄地學習，不但自己加強學習，同時也向有經驗的人請教。別人休息，你在學習。別人去旅行，你去學習。別人一天只有八個小時的工作時間，你則有十六個小時，那就等於一天當兩天用。這種密集的、不間斷的學習效果相當顯著。如果你本身的能力已經高於基準的水平線上，加上你的這種「勤」，你很快就會在所處的團體中發出亮光，引人注意！

7 積極主動，成就自我

積極主動地去做事、去把握機會，是一個人心理狀態的最佳反映。能主動積極地去做事，表明他的內心是掌握主動權的，是明白自己需要什麼，該怎麼去做的。而擁有這樣狀態的人，往往會更容易獲得成功。而積極主動也是我們克服膽怯、扭轉局勢的強有力武器。

兩個皮鞋推銷員去非洲推銷皮鞋。等他們到了那裡以後，才發現由於非洲天氣炎熱，非洲人向來喜歡光腳走路，沒有人喜歡穿鞋。

第一個推銷員看到非洲人都不穿鞋，立即失望起來：「這些人都光著腳，他們怎麼會買我的皮鞋呢？」於是放棄努力，空手而歸，沒能完成任務。

另一個推銷員看到非洲人都光著腳，非常開心，好像發現了新大陸：「這些人都沒有皮鞋穿，這裡的皮鞋市場大得很呢！」於是想方設法，講述穿皮鞋的好處，引導非洲人購買皮鞋，結果發了大財。

從這個故事可以看出，一念之差導致天壤之別，積極主動與消極被動會使人產生截然相反的動機，再配合個人的聰明才智，必將產生兩種差別巨大的結果，即主動做事往往成就巨大的成功，而消極對待只會走向失敗。

有心理學家曾對一千名創業成功者進行了調查研究，歸納出這些成功者走向成功的幾個步驟，即他們都具有積極的心態，能夠主動抓住機遇，並一直保持積極的自我意識、自我評價、自我控制以及自我期待。

無數成功人士的成功經驗表明，被動地等待機會只會被機會拋棄，只有主動爭取，才能不斷把握住機會，一步步走向成功，進而成爲一個強者。

許多著名的大公司認爲，一個優秀的工作者所表現出來的主動性，不僅僅是能夠堅持自己的想法或項目，並主動地完成它，還應該主動承擔自己工作以外的責任。只有承擔更多責任，才能及時捕捉到一些未曾發現的機會，並緊緊把握住。

只有積極主動承擔責任才會得到更多重用和提拔的機會，而遇事畏縮、凡事等待，從一開始就註定了失敗。而我們要瞭解一個人的內心是否強大，就可以從這些日常的生活工作中、爲人處世和做事中看出來。也許你會羨慕有一種人，他們在工作中總是春風滿面，同事都喜歡與他接觸溝通，領導喜歡與他探討工作，生活中朋友總是圍著他、有事總喜歡與他分享，那麼你有沒有觀察過他們擁有怎樣的行爲特點呢?下面的故事就能很好地解答這個問題。

亨利和萊恩是同時進入公司的工程師，由於是新人，所以公司安排他們頭六個月早上聽課，下午完成工作任務。

亨利每天下午都把自己關在辦公室裡，學習一些日後工作中可能用得著的軟體程式，埋頭苦幹。當有同事因手頭忙碌請他暫時幫會兒忙時，都被他拒絕了。他認為，自己最重要的事就是努力提高自己的技術能力，並向同事及老闆證明自己的技術能力是如何出色，不能因為別的事情分了心，浪費了時間。

而萊恩除了每天下午花三個小時看資料外，都把剩餘的時間花在向同事介紹自己，並詢問與他們項目有關的一些問題上。當看到同事們遇到問題或忙不過來時，他就會主動去幫忙。

當時，所有辦公室的電腦要安裝一種新的軟體工具，大家都不願去幹這件事，希望能跳過這種耗時的、瑣碎的安裝過程，由於萊恩懂得如何安裝，她便自願為所有電腦安裝。而且為了不影響大家的正常工作，他不得不早出晚歸，在非工作時間替大家安裝。

六個月後，亨利和萊恩都順利地完成了工作安排，他們兩個的項目從技術上講，完成得都不錯，亨利還稍顯優勢。但是經理卻認為萊恩表現得更出色，並在公司高層管理人員會議上表揚了萊恩。

亨利聽後，很不服氣，就去經理辦公室詢問經理，為什麼受到表揚的是萊恩而不是自己。

經理說：「因為我所看到的萊恩是一個有主動性的工程師，善於為別人提供幫助，能夠承擔自己工作以外的責任，願意承擔一些個人風險為同事和集體做更多的事情。那麼你做到了嗎？」亨利不禁紅了臉，低下了頭。

我們每一個人都需要在步入社會的第一天就培養自己積極主動的心態，這樣才能使自己在以後的生活中始終佔據主動地位。

Part 5
慢慢來，讓靈魂跟上來

我們每個人都有自救的力量，
這個力量就來自清醒的自我。
優雅地解開生活中的每個結，
讓心靈自由翱翔。
如果你願意接受生活的禮物。
——暢銷書作家，瑜伽、冥想大師邁克．辛格

第九章
簡單清醒，努力開啟最高版本的自己

1 欲望越多，幸福越淺

人性有這樣一個弱點，就是欲望超多。總以爲什麼東西都是越大越好、越多越好。殊不知結果往往是成反比的：欲望越多，幸福越淺。

爲何我們常見平凡打工者臉上洋溢幸福的笑容，卻少見住著豪宅、開著寶馬之類的成功人士臉上的歡顏。答案是前者容易知足常樂，給自己設置的幸福底線很低；而後者欲望越大，越難知足，身心被欲望的枷鎖套住，丟掉了手中原本最爲珍貴的東西。

你可以爲自己構設一個幸福的場景，當你通過努力達到這個場景時，你真的會滿足嗎？

人心不足蛇吞象，這個人人皆知的故事，似乎就是詮釋幸福的最好版本。

傳說古時，有一位村夫看到一條凍僵的龍蛇。村夫就把蛇救活，並放進後山的一個山洞裡。因為蛇的到來，山洞口開始長著靈芝和一些奇異花草。但人們知道山洞裡有龍蛇，誰也不敢去採這些東西。

皇上聽說了這事，就下旨說，誰能採來靈芝，必有重賞。村夫很清貧，他想，自己要是得到這筆財富，那可真是幸福。於是，他就去求蛇。蛇感謝他的救命之恩，就讓他採了靈芝送進宮裡。

村夫得到獎賞，過上了他想要的生活。又過了些日子，皇后的眼睛瞎了，御醫說只有龍蛇的眼珠才能治好。皇上就下旨說，誰若弄來龍蛇的眼睛，就讓他當大官。

村夫又想，自己現在是比過去幸福多了，但若再當上高官，有錢有勢，一定會更幸福。於是，村夫又找到龍蛇。龍蛇忍痛貢獻出了自己的一隻眼睛，村夫也因此當上高官，再一次滿足了自己幸福的心願。

但沒過多久，皇上又下旨讓村夫去割龍蛇身上的肉，因為他聽說吃了龍蛇的肉，就可以長生不老。為了讓村夫早些弄回龍蛇的肉，皇上加封村夫為宰相。村夫得意揚揚，再一次來到山洞口，希望龍蛇能再次滿足自己的心願。但龍蛇什麼也沒說，而是一張口就把這個剛做上宰相的人給吞進了肚裡。

對貪心不足的人來說，幸福是沒有止境的。幸福被人們捆綁在自己的欲望之上，欲望越多，幸福越淺。所以，人一旦把個人欲望和幸福聯繫在一起，就是和幸福背道而馳。因爲當你千辛萬苦達到了自己設定的目標時，你還會有更高的目標，還會讓自己繼續向更高的目標拼搏，只顧得索取，幸福的感覺早被你拋在一邊了。其實到了這分上，已經不是追求幸福了，只不過是自己的欲望無限膨脹而已。

所以，真正聰明的人，是不會捨近求遠，去定什麼幸福大目標的，他們隨遇而安，讓心情放鬆，享受生活，讓自己快樂，也讓親人幸福。假如這山望著那山高，終究一無所得。

2 知足常樂，從容豁達

這個世界上有太多美好的事物，我們每個人都不可能得到所有，所以一定要學會知足。

一個晴朗的下午，一位富翁來到海邊度假，他看到一個漁夫正在海灘上睡覺。

富翁問道：「今天天氣這麼好，正是捕魚的好時機，你怎麼在這裡睡覺呢？」

漁夫回答說：「我給自己定下了目標：每天捕十公斤魚。如果是在平時，我基本上需要撒五次網才能完成，不過今天天氣不錯，我只撒了兩次便完成了任務。現在沒事了，就在這裡睡覺啦！」

富翁又問道：「那你為什麼不趁著好天氣多撒幾次網呢？」

漁夫不解地問道：「為什麼要多撒幾次網？那又有什麼用呢？」

富翁說：「那樣的話，不久之後你便能買一艘大船。」

「然後呢？」漁夫問。

「那你就可以雇更多的人，讓他們到深海去捕更多的魚。」富翁說道。

「那又怎樣呢？」漁夫又問。

「到時你手中就有一定的積蓄了，可以辦一個魚類加工廠啊！那時你可以做老闆，再也不用辛辛苦苦地出海捕魚了。」富翁說道。

「那我幹什麼呢？」漁夫又問。

「那樣你就不用再為生活發愁了，可以像我一樣來到沙灘曬曬太陽，睡睡覺了。」富翁得意地說。

「不過，我現在不正是在曬太陽睡覺嗎？」漁夫反問道。

富翁被問得啞口無言。

人之所以不快樂，就是不知足。假如漁夫真的如富翁所說去做，那麼他就會被自己的欲望所奴役，忙忙碌碌地辛勞一生，卻不能體會幸福的滋味。

其實越想得到更多，就越會失去更多。每個人從出生的那一刻起，就註定了會和某些東西失之交臂，感情上的不如意，事業上的不順心，總是會讓我們花費很多精力來尋求平衡，但一個人的能力是有限的，有些東西是我們顧不到的，所以不必苛求那些得不到的東西或辦不到的事情。如果過於執著地追求，只能給自己徒添煩惱，得到和失去只在一瞬間，心態才最重要。

所以，每個人都要學會「知足」，如果你一輩子都在不停地滿足自己一個又一個目標，卻沒有一絲一毫的幸福可言，那這樣的人生又有什麼意義呢？房子再怎麼大，也只能住一間；衣服再高貴，身上也只能穿一套；汽車再多，也只能開一輛在街上跑。能夠認清楚這一點，那麼我們就能夠活得更加從容一點，更加豁達一點。更重要的是，我們將會有更多的時間和精力，來進行一些精神層次的追求和享受。

從前有一位年輕人，他總是抱怨自己時運不濟，空有一番才華卻得不到施展的機會，日子過得也是窮困潦倒。

有一天，他遇到了一位白鬍子老人，老人看他眉頭緊鎖便問道：「小夥子，你看起來很不快樂？」

年輕人說道：「我就不明白，為什麼我的日子總也好不起來，這種窮苦的生活什麼時候才是頭呢？」

老人立即反駁他說：「窮？你怎麼會說自己窮呢？我看你十分富有嘛！」

年輕人很不解，問道：「此話怎講？」

老人笑了笑說道：「假如我給你一萬塊，來換你的一根手指，你會換嗎？」

「不換！」年輕人十分堅決地回答道。

老人繼續問：「那如果我給你十萬塊，但條件是你的雙眼必須失明，你願意嗎？」

「不願意！」年輕人斬釘截鐵地說道。

老人再次問道：「那假如現在讓你馬上變成八十歲的樣子，給你一百萬，可以嗎？」

「不可以！」年輕人再次斷然拒絕。

白鬍子老人笑了：「你看，你全身上下都是數不盡的財富，你怎麼還說自己窮呢？」

年輕人愣然無語，突然間明白了一切。

看完這個故事，相信很多人都會若有所思，其實在我們的身邊，像案例中的那個年輕人這樣不知足的人不是有很多嗎？明明自己已經擁有了很多，卻還在抱怨得到的太少，自然也就無法體味生命的樂趣之所在。只要你是一個知足的人，那麼你就永遠不會貧窮。相反，那些貪婪之人看似擁有萬千財富，實際上卻是一無所有的人。

快樂，應該是一種平衡而滿足的內在感受。若你學會了滿足，那麼即使身在地獄，也一定能夠感受到如天堂般的美好。

3 你在羨慕別人，別人也在羨慕你

上帝派天使甲和天使乙在人間巡遊，於是兩位天使便看到這樣有趣的一幕：

一個衣衫襤褸的乞丐看到一個男孩左手拿著麵包，右手拿著牛奶，邊走邊吃，不禁摸了摸自己饑腸轆轆的肚皮，咽下一團又一團口水，羨慕地自言自語：「哎，能吃飽飯，真幸福呀！」

那位小男孩剛走了幾步，就看到一個女孩坐在爸爸的摩托車後座上來到肯德基，買了一個漢堡和一杯可樂，小男孩看了看自己手中的麵包和牛奶，羨慕地自言自語：「唉！能吃這麼多美味，真幸福呀！」

啃著漢堡的小女孩坐在爸爸的摩托車後座上，忽然看到一輛漂亮的黑色小轎車從身旁駛過，小女孩想：「能開這麼漂亮的車子，真幸福呀！」

而小轎車裡坐著的卻是一個逃犯，他正在逃避警察的追捕，可他終究還是被警方逮到了，警察給他戴上了冰涼的手銬，坐在警燈閃爍的警車裡。

他透過車窗看到一個乞丐在路上漫無目的地走著，於是他羨慕地朝乞丐喊了一聲：「唉，可以自由自在不受束縛，多幸福呀！」

乞丐聽到那人的話，心裡一下高興起來，原來自己也是幸福的，以前怎麼沒有發現啊！於是，他手舞足蹈地一路唱著歌去了。

兩位天使回去後，他們向上帝彙報了在人間所見到的這一切，並述說了心中的困惑：「為什麼乞丐也是幸福的呢？」

上帝微笑著說：「人生來就擁有活得幸福的權利，只是一些人沒有去主動發現幸福而已。但不管怎麼說，選擇適合自己的生活方式，能夠自由自在的人，最容易獲得幸福。」

現代社會裡，激烈的全方位競爭、複雜的人際關係、快速的生活節奏，給人們的心理帶來了很大的壓力，使人們對幸福也茫然起來了，總是把幸福放在別處，而不會從自身去尋找，自然就會覺得幸福難覓。

生活中，左右、羈絆和束縛我們的可能是各種感官和物欲。沒有誰的生活是一帆風順的，多多少少都要受到一些外來條件的束縛。但是，外來的束縛其實是可以通過內心來化解的，主要在於能否找到一種屬於自己的生活方式。

人活一輩子都在忙些什麼呢？各種回答最後大概都可以歸結爲追求幸福，不難發現那些幸福的人，他們都是身心自由的人。貧窮也好，富裕也好，他們都能努力找到一種適合自己的生活方式，然後拋開煩惱，自由自在地活著。

其實，我們沒有必要羨慕別人的生活，生活都是一樣的，你所看到的別人的生活並不一定就比你的生活幸福。正如叔本華所說：「人們很少會想到他們擁有些什麼，但是，卻常常想到比別人少了些什麼。」

4 得失之間，保持一顆平常心

「一失足成千古恨」這是千年古訓，無非就是教育人們把握好自己的人生方向，千萬不要走上錯路，以免讓自己後悔。其實，人的一生總要經歷許多風風雨雨，總會遇到各種各樣的情況。當人們在一些事情上急於求成而又脫離實際時，就會造成一些過失，帶來嚴重的後果，但並非一失足就成千古恨。

戰國時期，越王勾踐不聽大臣范蠡勸諫，堅持要發兵攻打吳國，結果在夫椒一戰中大敗，並且被押往吳國為吳王養馬三年。

勾踐為當初的魯莽衝動付出了慘痛的代價，回到越國之後，他臥薪嚐膽，立志一定不忘亡國之恨。他勵精圖治，事必躬親。同時，一有空閒就和農民一樣到農田裡扶犁耕作。他的妻子也親手紡線織布。

在這段時間裡，他們生活簡樸，不吃有肉的飯菜，不穿華麗的衣服，待人平和，禮賢下士，厚待賓客。最後終於打敗了吳國，結束了這場吳越爭霸。

一失足未必就成千古恨。只要能夠找到失足的原因，儘快調整心態，克服失敗給自己心靈殘留下的陰影，逐步恢復自信，繼而自強不息，仍有成功的可能。

沒有誰會註定一帆風順，也沒有人註定一生失足，生活對每個人都是公平的，即使失足也並不意味著天就要塌下來了。只要你敢於正視失足，它就可以使你學到並深刻體驗到許多真知灼見，並使你對此難以忘懷。失足還可以使你認識到自己的能力與局限，瞭解自己。所以，不要恐懼失足，它帶給你的會比成功帶來的更多。

失足是一件讓人們痛苦的事情，它令人悲傷。但更痛苦的是失足之後的束手無策，是失足後的不能警醒。對於失足，人們總是習慣於先從客觀上找理由，古人經常歸咎於上天不公或自己的命運不濟，現代人經常歸咎於運氣不好，但實際上這多半是托詞，是藉口。

一個人的失足，最主要的原因應該是自己親手造成的，或者說絕大多數失足都與自己有關，與自己的個性或失誤有關。不是因為自己的性格、心理、意志等方面存在缺陷，就是因為方法不當，措施不力，再不就是因為自己的判斷失誤或誤入歧途。再多的客觀因素，也不能使你推卸掉自己身上的責任，最起碼是自己沒有看清形勢或錯誤地估計了形勢造成的。

當你出現失足的情況時，要及時改正，否則失足就永遠只是失足，而絕不能轉化為成功。失足並不可怕，跌倒了爬起來就是了。但是，怕的就是被失足打倒，失足後一蹶不振，在失足中越發沉淪，一朝被蛇咬，十年怕井繩。

培根是十七世紀歐洲一位顯要人物。從小就身在貴族家庭中的他曾經擔任過英國駐法國大使館工作人員，還當過律師，並在議會選舉中當選為議會議員。在他官運亨通、平步青雲、春風得意的時候，他因貪污受賄罪被監禁於倫敦塔內。出獄後，他又被終生逐出朝廷，不得再擔任任何官方職務，不得參與議會。

從此培根開始專心從事著述。他提出了著名的「要命令自然，就要服從自然」「知識就是力量」等一連串對後人影響深遠的口號，並建立了自己的唯物主義經驗論。曾經的失足使培根成為英國唯物主義和整個現代實驗科學的真正鼻祖，成為英國十七世紀偉大的唯物主義哲學家、世界哲學史和科學史上具有劃時代意義的人物。

一時的失足沒有什麼大不了，我們要走的路還很長，一次失足並不是世界末日，只不過是一個新的開端，是命運讓我們做個更好的自己。

失足既可以成爲埋葬信心的墳墓，也可以成爲「而今邁步從頭越」

的起點。失足並不代表著永遠失敗，只是表明成功或許需要變換一下方向；失足也並不意味著你浪費了時間和生命，不過是表明你有理由重新開始。

人生總是有得有失，得到了這個，失掉了那個。有的人很貪心，想把一切都攥在手裡，失掉了某一樣都變得不開心，這就是沒有參透得失的本質。

我們在得失之間要有一顆平常心。塞翁失馬的故事大家都聽說過，塞翁失去了很多東西，但是唯一不變的就是他快樂的內心，他始終保持著一個平和的心態。

杭州靈隱寺中有一副對聯，上聯是「人生哪能多如意」，下聯是「萬事但求半稱心」；有的人因爲失去了身外之物，就失去了好心情，可謂得不償失。

在人生的道路上，每個人都在不斷地累積著令自己煩惱的東西，包括名譽、地位、財富、親情、人際關係、健康、知識、事業等。這些東西壓得人們喘不過氣來，使人們失去了原本應該享受的樂趣，增添許多無謂的煩惱。一旦失去其中一種便會糾結在意，甚至惱火沮喪，要「想辦法奪回來」。

其實人生就那麼幾十年，金錢、地位等都不能一直陪伴我們，人死了之後也什麼都帶不走，若是焦慮沮喪、患得患失幾十年，那就太不值得了。所以人生的本質就是快樂，每天都快樂地活，不是一種最好的活法嗎？何必要爲了一些身外之物黯然神傷、焦慮不已呢。

5 轉換看問題的視角

同樣的一件事情，悲觀的人只看到不利的一面，樂觀的人看到的卻是有利的一面，不同心態，呈現出的世界完全不同，呈現出的人生道路也就有了不同。

一位滿臉愁容的生意人來到智慧老人的面前。

「先生，我急需您的幫助。雖然我很富有，但人人都對我橫眉冷對。生活真像一場充滿爾虞我詐的廝殺。」

「那你就停止廝殺唄。」老人回答他。

生意人對這樣的告誡感到無所適從，他帶著失望離開了老人。在接下來的幾個月裡，他情緒變得糟糕透了，與身邊每一個人爭吵鬥毆，由此結下了不少冤家。一年以後，他變得心力交瘁，再也無力與人一爭長短了。

「哎，先生，現在我不想跟人家鬥了。但是，生活還是如此沉重——它真是一副重重的擔子呀。」生意人再次求助智慧老人。

「那你就把擔子卸掉唄。」老人回答。

生意人對這樣的回答很氣憤，怒氣沖沖地走了。在接下來的又一年當中，他的生意遭遇了挫折，並最終喪失了所有的家當。妻子帶著孩子離他而去，他變得一貧如洗，孤立無援，於是他再一次向這位老人討教。

「先生，我現在已經兩手空空，一無所有，生活裡只剩下了悲傷。」

「那就不要悲傷唄。」

生意人似乎已經預料到會有這樣的回答，這一次他既沒有失望也沒有生氣，而是選擇待在老人居住的那個山的一個角落。

有一天他突然悲從中來，傷心地號啕大哭起來——幾天，幾個星期，乃至幾個月地流淚。

最後，他的眼淚哭乾了。他抬起頭，早晨溫煦的陽光正普照著大地。他於是又來到了老人那裡。

「先生，生活到底是什麼呢？」

老人抬頭看了看天，微笑著回答道：「一覺醒來又是新的一天，你沒看見那每日都照常升起的太陽嗎？」

生活到底是沉重的？還是輕鬆的？這全賴於我們怎麼去看待它。生活中會遇到各種煩惱，如果你擺脫不了它，那它就會如影隨形地伴隨在你左右，生活就成了一副重重的擔子。

「一覺醒來又是新的一天，太陽不是每日都照常升起嗎？」放下煩惱和憂愁，生活原來可以如此簡單。

有一少婦投河自盡，被正在河中划船的船夫救起。船夫問：「你年紀輕輕，為何自尋短見？」

「我結婚才兩年，丈夫就拋棄了我，接著孩子又病死了。您說我活著還有什麼意思？」

船夫聽了，想了一會兒，說：「兩年前，你是怎樣過日子的？」

少婦說：「那時的我自由自在，沒有任何煩惱……」

「那時你有丈夫和孩子嗎？」

「沒有。」

「那麼你不過是被命運之船送回到兩年前去了，現在你又自由自在，沒有任何煩惱了，你還有什麼想不開的？請上岸去吧……」

少婦恍如做了一個夢，她揉了揉眼睛，想了想，心中豁然開朗便上岸走了。

我們的痛苦不是問題的本身帶來的，而是我們對這些問題的看法而產生的。我們應學會解脫，而解脫的最好方式是面對不同的情況，用不同的思路去多角度地分析問題。因爲事物都是多面性的，視角不同，所得的結果就不同。

一個問題就是一個矛盾的存在，而每一個矛盾只要找到合適的節點，都可以把矛盾的雙方統一起來。這個節點在不停地變幻，它總是在與那些處在痛苦中的人玩遊戲。

轉換看問題的視角，就是不能用一種方式去看所有的問題和問題的所有方面。否則，你肯定會鑽進一個死胡同，離問題的解決越來越遠，處在混亂的矛盾中而不能自拔。

生活的美與醜，全在我們自己怎麼看，如果你將心中的煩惱和陰暗面徹底拋棄，然後選擇一種積極的心態，懂得用心去體會生活，就會發現，生活處處都美麗動人。

6 權勢只是夢一場

在如今這一時代，擁有勢力的人以及擁有權力的人，並非真正擁有某種力量。勢力或權力只是存在於人們腦中的幻影罷了。

正因為勢力與權力對人們產生了作用，幻影才會揮之不去。擁有權勢之人即便是某種特殊的存在，也絕不是特殊的人。有些有權有勢之人已經依稀注意到了這一點。真實又知性的人，早已得知有權之人無足輕重。然而，大多數人依舊沉迷於幻影之中。

森林裡，狼、熊和狐狸結成聯盟，專門對付羊群。羊群死傷相當嚴重，老領頭羊不堪疲憊，鬱悶而死。一頭年輕的羊被選為新的領頭羊。

年輕的領頭羊對群羊說：「我們邀請狼、熊、狐狸中一位來做我們的領頭吧，我不是這個料。」

消息一出，群羊激憤：這不是把我們往火坑裡推嗎？

狼、熊、狐狸三巨頭興奮極了，同時也開始暗暗算計：自己一定要爭得這個頭銜，這是多大的好處啊！以後群羊就是自己的了，想怎麼吃就怎麼吃。

熊最先下手，趁狼不注意的時候，一爪拍在狼腦袋上，狼死於非命……

狐狸很狡猾，因為牠比較輕，就在獵人挖好的用樹枝偽裝的陷阱上躺著佯裝睡覺。熊悄悄逼近，一下撲上去，卻掉到了陷阱裡。而狐狸已經早就機警地躲開了。熊也完蛋了……

最後剩下狐狸，牠對羊群已經沒有了威脅。最後，群羊協力把狐狸也消滅了。

群羊終於知道：原來權力是個陷阱！

儘管是個陷阱，但是面對權力的種種引誘，人們往往不易割捨，不斷有人前仆後繼、趨之若鶩。

中國古代權力鬥爭不斷，篡位者爲了達到自己的目的，可謂費盡了心機。他們不惜承擔「謀逆」的罪名、冒著殺身滅門的危險。此間充滿了陰謀與血腥，昨天還是情同手足的親人，今天卻成了不共戴天的死敵。古代中國的宮廷政治史，就是一部骨肉相殘、流血丹陛、燭影斧聲、兄弟鬩牆、弒父屠子、牆茨之醜的歷史。

唐太宗密謀發動的玄武門之變，一時血光四濺。倒在血泊中的不僅有他的親兄弟及眾多支持者，還有十個年幼的親侄兒。武則天在攀登皇位的漫長過程中，遭到了包括自己兒子在內的各種勢力的堅決反對。

面對來自朝野的各種反對勢力，武則天痛下殺手，堅決鎮壓，就連自己的親生骨肉也不放過。她先毒死太子李弘，又將太子李賢廢爲庶人，並逼其自殺。她的孫子李重潤、孫女李仙蕙也因童言無忌而被處死。武則天爲了滿足自己的權力欲，踏著親人的鮮血攀登權力的頂峰。

皇室內部一次次同室操戈，帝王貴胄一顆顆人頭落地，一代代家天下的專制皇權擺不脫魔咒，走不出怪圈，只能不斷地複製著一幕幕血濺宮闈的慘劇。人們瘋狂地追逐權力，而至高無上的專制皇權又使人們更加瘋狂，正所謂「無情最是帝王家」，難怪明朝末代皇帝崇禎在國破家亡時會說「願生生世世勿生在帝王家」！

權力讓人產生一種虛幻的優越感，從而使自己迷失，人們以爲有了權力就可以爲所欲爲，可以滿足自己的欲望，像金錢、美女、名車、豪宅等等應有盡有，還可以呼風喚雨、頤指氣使。所以，有人爲了權力可以不擇手段，不惜一切。

但是人們卻沒有看到，權力的獲得往往是以人格的屈辱作爲代價的，爲了保持心理上的平衡，使自己從心靈上、情感上獲得補償，權力的擁有者會用加倍的專制和冷酷來役使那些意圖從自己手中討取利益的人，從而媚上而傲下，使得權力的角逐者永遠陷入二重人格的痛苦、矛盾和分裂中。權力，總是可以把善良的心引進罪惡的深淵。

我們應該明白，世界上的一切都將過去，就連我們的生命都將過去，所有的權勢功名終將化爲塵埃。想要獲得幸福，只有淡泊名利，以一副淡雅、低調的心態面對名利的紛擾才是做人的最佳姿態。

7 不要預支明天的憂慮

有一個人總覺得自己得了什麼不治之症，便跑去看醫生。

醫生問他有什麼症狀，他說沒什麼不舒服。醫生又問：「你最近食欲怎麼樣？」他說很正常。

「那你覺得自己得了癌症的依據是什麼？」醫生好奇地問道。他說：「我聽說癌症的初期什麼症狀都沒有，我正是這樣啊！」

這個故事告訴我們一個道理：煩惱不是別人給的，是自己想得太多。這個世界上沒有任何事情比杞人憂天的煩惱更可怕了。有一句老話說：「天要下雨娘要嫁人，隨他吧。」既然憂慮無濟於事，多想不如不想。

其實，現代人之所以煩惱焦慮，並不是真的遇到了無法解決的事情，而是因爲「想得太多」。因爲「想得太多」，我們時常自以爲是地擔心著原本沒有發生的事情，無病呻吟地抱怨著可能根本就不存在的問題，搞到最後，不但自陷絕地，甚至還危害到了自身的身心健康。

俗話說，「憂能傷人，愁能殺人」。許多想得太多的人，因爲心思太過沉重，所以很難體會到真正的人生樂趣。因此，當憂愁、擔心、哀傷等情緒如蛛網般纏上心頭時，請不要容它侵蝕你的心。如果你總是將一些沒必要擔憂的事，一遍又一遍地在腦中思來想去，就會像不斷被拉扯的彈簧一樣，終有一天會被扯斷。

有一個年輕人，跑去向智者傾訴煩惱。

年輕人說了很多，可智者總是笑而不答。等年輕人說完了，智者才說：「我來給你撓一下癢吧。」

年輕人不解地問：「您不給我解答煩惱，卻要給我撓癢，我的煩惱與撓癢有什麼關係呢？何況我並不需要撓癢！」

智者說：「有關係，並且關係大著呢！」年輕人無奈，只好掀開背上的衣服，讓智者給自己撓癢。

智者只是隨便在年輕人的身上撓了一下，便再也不理他了。年輕人突然覺得自己背上有一個地方癢得難受，便對智者說：「您再給我撓一下吧。」

智者於是又在年輕人的背上撓了一下，可是，年輕人覺得這裡剛撓完，那裡又癢了起來，便求智者再給自己撓一下。就這樣，在年輕人的要求下，智者給年輕人撓了一上午的癢。

年輕人走的時候，智者問：「你還覺得煩惱嗎？」

整整一上午，年輕人都在纏著智者給自己撓癢，居然將所有煩惱的事情都給忘記了。於是，他搖了搖頭說：「不煩惱了。」

智者這才點頭笑著說：「其實，煩惱就像撓癢，你本來是不覺得癢的，但是如果你閒來無事，去撓了一下，便癢了起來，並且越撓越癢。煩惱也是一樣，本來你不覺得煩惱，只是你閒來無事時，去想了一些令自己煩惱的事，你便開始煩惱了起來，並且越想越煩。」

年輕人似有所悟。智者接著說：「煩惱最喜歡去找那些閒著沒事的人，一個整天忙碌的人，是沒有時間去煩惱的！」

不知道大家有沒有留意過，久別的朋友見面，大多會彼此在一起抱怨自己活得多累，每天忙忙碌碌卻不知道自己到底在做什麼，有時特別想找一個沒有人的地方大哭一場，家庭的重擔、工作的壓力、人際的複雜，如大山般壓在心頭，讓人喘不過氣來，而唯一一點屬於自己的時間，卻都用來爲明天的前途憂慮。

這些抱怨者，大多都是一些事業有成、有車有房、家庭美滿的人，別人羨慕他們都還來不及呢。而他們之所以活得不幸福，究其原因就是患上了「心靈擔憂症」，而對付這種「病」的辦法只有一個，那就是：不要想得太多。

我們都有過這樣的經歷：白天若是想得太多，一天的工作生活就無法正常進行，甚至還會頻頻出錯；晚上若是想得太多，常常是夜不能寐，就算勉強入睡，第二天起來也是昏昏沉沉。其實，轉念一想，就算事情真的發生了，想得再多又有什麼用呢？

一個年輕人到了服兵役的年齡，被分配到了最艱苦的兵種──海軍陸戰隊。年輕人為此非常憂慮，幾乎到了茶不思、飯不想的地步。年輕人有個深具智慧的老祖父，他見到孫子整天都是這副模樣，便尋思著要好好地開導他。

這天，老祖父對這位年輕人說：「孫子，其實這沒有什麼可憂慮的。就算是當了海軍陸戰隊，但到部隊裡，還是有兩個機會，一個是內勤職務，另一個是外勤職務。你有可能被分發到內勤單位，這就沒什麼好憂慮的了！」

年輕人卻並不是這麼樂觀，還是憂心地問道：「那如果我被分發到外勤單位呢？」

老祖父：「那還有兩個機會，一個是可以留在本島，另一個是被分發到外島。你如果被分發在本島的話，那也沒什麼可憂慮的呀！」

年輕人又問：「那如果我不幸被分發到外島呢？」

老祖父說：「那不是還有兩個機會嗎，一個是待在後方，另一個是被分發到最前線。如果你是留在外島的後方單位，也是很好的，也不用憂慮啊。」

年輕人再問：「那如果我被分發到前線呢？」

老祖父說：「那還是有兩個機會，一個是只站站崗衛，平安退伍，另一個是會遇上意外事故。如果你只是站站崗，依然能夠平安退伍，這也沒什麼可憂慮的！」

年輕人仍然問道：「那麼，如果是遇上意外事故呢？」

老祖父說：「那還是有兩個機會，一個是受輕傷，可能把你送回本島，另一個是受了重傷，無法救治。如果你只是受了輕傷，被送回本島，也不用憂慮呀！」

年輕人最為恐懼的就是這，他顫聲地問道：「那……如果非常不幸的是後者呢？」

老祖父大笑起來，然後說道：「若是遇上那種情況，你人都死了，更是沒有什麼可憂慮的！憂慮的倒該是我了，那白髮人送黑髮人的痛苦場面，可並不好玩喲！」

生活不可能像心目中所期望的那樣美好，它有酸甜苦辣，它有悲情苦楚，也有許多的憂慮。憂慮來源於生活，來源於對未知世界的不瞭解，也來源於自身的擔憂和顧慮。許多煩惱本不存在，如果無聊多想，任何情況都可能造成你的憂慮。

個人的力量是渺小的，誰都無法與宿命抗衡，誰都改變不了既定的事實。我們倒不如順其自然，靜觀其變，並做好自己能做到的事情，只要無愧於心，此生就已無憾了。

第十章 你原本就可以過上更好的生活

1 像孩子一樣思考

孟子說：「大人者，不失其赤子之心者也。」巴斯卡說：「智慧把我們帶回到童年。」在偉人的眼中，孩子的心智尚未被歲月扭曲，保存著最寶貴的品質，值得大人們學習。

其實每個人在童年時都是快樂的，越大煩惱就越多。很多成年人抱怨生活得實在太累，太不容易！既要揣摩別人的臉色，又不能被別人揣摩出你的臉色，即使不喜歡這種虛假的生活，還要無奈地堅持。

在這紛繁複雜的世界，我們需要停下來，留下片刻的時間學著做個孩子，像孩子一樣思考，濾掉事物外部的紛雜；像孩子一樣看問題，看到事物單純的本質。你會發現，世界總如陽光般明澈，原來棘手的問題是如此簡單。

有一個匈牙利木材商的兒子，很多人都覺得他笨，有一天他做了一個夢，夢見自己寫的小說被諾貝爾看中了，他為了不被人嘲笑，只告訴了媽媽，媽媽高興地告訴他上帝選中了他。他信以為真，從此他真的喜歡上了寫作。

因為他是猶太人，被送進集中營，那兒每天都有人精神崩潰，而他靠著信念活了下來。

「我又可以從事我夢想的職業了！」他懷著這種心情終於走出集中營。

一九六五年他寫出第一部作品，二〇〇二年，瑞典皇家文學院宣布將諾貝爾文學獎授予他——凱爾泰斯．伊姆雷。

「我只知道，當你喜歡做這件事，多少困難你都不在乎時，上帝就會抽出身幫助你。」他說。

像孩子一樣執著地追求使他成功了。很多時候我們需要有孩子那種單純的執著。當孩子看到一顆十克拉鑽石和一個玻璃球時，孩子不會挑鑽石，因爲孩子認爲玻璃球更好玩，僅此而已。羅納度，家喻戶曉，在他的想法中，足球是好玩的，僅此而已。帶著這孩童般的理解，他將足球演繹成了藝術。他就像孩子一樣去思考踢足球這件事，不去理會他人的說法，他玩他的。

愛默生說：「任何事物都不及偉大那樣簡單，事實上，能夠簡單便是偉大。」孩童簡單地思考是原始的思考，那超乎天地境界的思考也必定是簡單的。簡單便昇華成了一種深刻。學會像孩子一樣思考，那種想法是那麼簡單，那麼純淨，同時也是那麼偉大。

與大人相比，孩子知識相對缺乏，但是他們富於好奇心、感受力和想像力，這些正是最寶貴的智力品質，因此能夠不受習慣的支配，用全新的眼光看世界；與大人相比，孩子閱歷缺乏，但是他們誠實、坦蕩、率性，這些正是最寶貴的心靈品質，因此能夠不受功利的支配，做事只憑真興趣。

很多時候人們總會感覺到時間不停地流逝，生活不再充滿激情，青春不再。曾經感動過你的一切不能再感動你，吸引過你的一切不能再吸引你，甚至激怒過你的一切也不再激怒你。你覺得生命平淡，心裡苦惱，心裡再也不能像孩子一樣發現生活的美了。

當你的耳朵聽慣了金錢的撞擊聲，聽慣了上級的命令聲，聽慣了下級的恭維聲，那麼它對生活本身所隱藏著的那些美妙聲音的感受力就變得無比遲鈍了；當你戴上了有色眼鏡，看到的是滿眼的灰色，那麼生活中那美麗的彩虹怎麼都無法進入我們的視線之內。其實生活不是沒有激情，青春不是已經流逝，而是你的心已經老了，不再有發現美的能力。如果一個人沒有一點童心，那麼他的生活一定充滿了抱怨，對生活充滿了苛求。

2 有愛好是多麼幸運的事

愛好是一種樂趣，一種情調。愛好能豐富人的精神世界，拓寬生命的邊界。正因爲有了多種多樣的愛好，人生才能豐富多彩。愛好可以引導一個人尋覓和發現人生與社會之中許多未知和美好，甚至成爲人生的導遊。在由愛好搭建起的生活空間裡，我們可以自得其樂，盡情發揮。

有研究表明，只有那些有愛好的人才值得交往，因爲這樣的人有熱情、有情趣，而且對事專心和執著。一個人如果擁有一個長期的愛好，不僅對個人來說是心靈的寄託，而且也是朋友間聯繫的紐帶。

愛好絕不只是因爲閒得無聊，藉以打發時間，它與生活品質以至於生活格調、人生境界都有關係。無論你所從事的工作與你的愛好是否一致，愛好總是一種撫慰在等待著你，你心中始終存有期盼和熱愛，生活就會變得有滋有味。當然，這裡提到的愛好並不是說一般的休閒娛樂活動，而是指對一種事物喜愛、沉迷以及鑽研。

常常聽到一些年輕人訴說生活苦悶、煩惱。他們中有些人常到電影院或去舞廳和夜店中去消磨閒置時間，但當夜深人散時，內心卻生出加倍的寂寞和空虛。這是因爲他們沒有到心靈深處去尋求真正屬於自己的那份愛好。

真正的愛好應該是在工作之餘，打開琴蓋，奏一支曲子；夜晚睡覺之前，掀開書頁，讀幾篇好文章；內心苦悶之時，拿起筆，寫一首小詩，或隨意寫下你心中要說的話；閒暇的時光中，打開顏色盒，把你窗前的一枝新綠描畫下來……

有愛好是人生的一種幸運。在繁忙的工作之餘，聽聽音樂，看看畫展，看看體育比賽，外出旅行，這些都是很愜意的事。健康的愛好，猶如生活的滋養劑，讓人充分地享受人生的樂趣，幫助提高生活品質。只要自己樂意去培植，每個人的生命樹上可以開出最可愛的花，結出最甘美的果子。如果你快樂地去迎接每個日子，生活便散發出一種香味來，像新開的花和香草一樣。

工作再忙，也要給自己的愛好留一點時間和空間。因為這意味著給自己的精神和心靈留一點時間與空間，只有堅持愛好，精神才會有所寄託，心靈才會有所附依。

3 一生讀書，一生光明

書讀多了，身上的氣質可以在不經意間體現出來，「腹有詩書氣自華」，讀書能使人心胸開闊、氣度高雅、形象清新、品格昇華。能極大地提高人的社會形象和人生價值。

一個人要成功，知識的作用非常重要。只有不斷地讀書，才能讓我們在面對生活和工作時，可以有足夠的知識儲備供我們隨意提取，不僅可以助我們的事業百尺竿頭，更進一步，還可以交到更多的朋友，積累豐富的人脈。

有一位董事長，在年輕時代從事汽車代理業務，積累了一億的財富。後來改行做大型百貨超市，財富不斷翻番，六十多歲時，其資產已經近六十億。

當別人請教他的成功秘訣時，他只是淡淡地說：「賺錢其實很簡單。我的秘訣就是多讀書，不斷補充知識，學習、學習、再學習。我的辦公室書桌上，永遠都會有幾本書供我翻閱。」

有一次，他同一家廠商談判，這家企業的總裁是位四十幾歲的荷蘭人。他跟這個總裁聊天，聊到最後，他就問荷蘭的總裁：「總裁啊，你到底是喜歡打高爾夫球，還是喜歡游泳，或者是慢跑？還是其他的嗜好，比如美術？」

荷蘭的總裁說：「所有的成功者都是閱讀者，所有的領導者都是閱讀者，因此，我最喜歡的當然就是閱讀。」

對方一講到閱讀，董事長就興奮起來，因為他本人也非常喜歡讀書。他問這個荷蘭總裁：「那你最喜歡讀哪一方面的書籍？」

荷蘭的總裁說：「我最喜歡研究中國的哲學。」

董事長就問他了：「你最喜歡讀誰的書籍？」

他說：「我最喜歡讀老子的。」

董事長問：「你喜歡讀老子的什麼書？」

對方說是《道德經》。恰巧董事長對老子很有研究，雙方談得越來越投機。

荷蘭總裁對董事長非常折服，甚至還要拜他為義父，這個合約自然也簽下來了。

成功人士總是利用各種機會來閱讀，用來幫助自己更快地實現目標和洞察力。因爲他們深深地懂得，如果能在某一時刻運用到某一關鍵知識，所產生的結果非同一般。這些知識將爲他們節省大量的金錢和時間。

「好書悟後三更月，良友來時四座春」，捧一本好書，品一杯香茗，曾是很多人生活中的享受。然而，近年來，隨著生活節奏加快、工作壓力加大以及網路等新興媒體的崛起，曾經那個渴望讀書的時代，彷彿一去不復返了。人似乎有時間逛街購物，有時間泡網咖，有時間追電視劇，卻唯獨沒有了時間去讀書。

每天爲生活而打拼時，其實最不能忘了的還是讀書，沒有源源不斷的知識動力和精神支撐，我們拿什麼去面對競爭呢。只有讀書，你才能很容易地融入時代的潮流，跟上社會發展的節拍，才會激情洋溢地投身你的工作之中。

只有讀書，才能夠不斷地提升自身素質，才能具有良好的精神境界。沒有閱讀就沒有心靈的成長，就沒有人們精神的發育。閱讀雖不能改變人生的長度，但它可以改變人生的寬度，閱讀不能改變人生的物相，但它可以改變人生的氣象。不讀書的人生是灰色的，只能讓你的精神生活漸漸地枯萎。

一個人無法體驗所有的人生經驗，但通過讀書可以間接地瞭解人生，用前人的經驗充實自己。前人把知識轉換爲文字，供後人閱讀、汲取文字中的營養，使我們能夠少走彎路，少走錯路。

4 每個人都有悟性、靈感和才華

生活當中有許多值得我們留心的東西，一幢有特色的建築、一個裝飾漂亮的門面、一間佈置典雅的咖啡廳、一本書的封面設計……這當中都有許多値得我們學習的東西，只要我們留心觀察和思考，多少都會有所收穫。

只要有心，人生處處皆是學問，書本並不是學到知識的唯一途徑，有些學問，書本上根本就沒有，我們若是死死地抓著書本，而與現實脫軌的話，那就真的要變成一個書呆子了。

老子說：人法地，地法天，天法道，道法自然。天地之間的一切都是有跡可循的，這一切的規律都是學問。

海邊捕魚的人，知道什麼時候潮起，什麼時候潮落。有人觀察格外細心，發現潮起潮落和月亮的圓缺竟然有意想不到的「巧合」。經過不斷探索，人們發現了一個秘密，原來「潮汐」竟然與天上的月亮有關。

只要我們處處留心身邊的知識，並能夠把握住它，就能將它化爲己用。

春秋戰國時期的魯班接受了一項建築一座巨大宮殿的任務。這座宮殿需要很多木料，由於當時還沒有鋸子，大家都只好用斧頭砍伐，但這樣做效率非常低，遠遠不能滿足工程的需要。為此，他決定親自上山察看砍伐樹木的情況。

上山的時候，由於不小心，他無意中抓了一把野草，一下子將手劃破了。魯班很奇怪，一根小草為什麼這樣鋒利？於是他摘下了一片葉子來細心觀察，發現葉子兩邊長著許多小細齒，用手輕輕一摸，這些小細齒非常鋒利。他明白了，他的手就是被這些小細齒劃破的。

後來，魯班又看到一條大蝗蟲在啃吃葉子，兩顆大板牙非常鋒利，一開一合間就吃下一大片。他發現蝗蟲的兩顆牙齒上同樣排列著許多小細齒，蝗蟲正是靠這些小細齒來咬斷草葉的。

這兩件事給魯班留下了極其深刻的印象，也使他受到很大啟發，陷入了深深的思考。他想，如果把砍伐木頭的工具做成鋸齒狀，不是同樣會很鋒利嗎？於是他立即下山，讓鐵匠們製作帶有小鋸齒的鐵片，然後到山上繼續試驗。

魯班和徒弟各執一端，在一棵樹上拉了起來，只見他倆一來一往，不一會兒就把樹鋸斷了，又快又省力，鋸就這樣發明了。

人生處處皆學問，許多事就像一張窗戶紙，在沒有捅破之前，你會愁眉不展，兩眼茫然。當有人告訴你答案時，你會若有所悟，噢……原來如此。人生需要感悟，有感悟的人生才能變得睿智，才能變得快樂而幸福，才能變得完美而無憾。

人生中，有很多次改變自己命運的機會，是往好的方面改變，還是往壞的方面改變，完全依賴於一個人對當時情形的認識，也就是說，有什麼樣的看法，往往就會有什麼樣的命運，有什麼樣的目標就會達到什麼樣的結果。一個人的態度決定著他能否走向成功與幸福。保持消極的心態，就會有消極的人生；保持積極的心態，就會有積極的人生。而要保持什麼樣的心態，完全由我們自己來決定。

一個人具備的天賦和悟性，不在於他年老或年少，而是在於他對事物提出的見解。悟性越好的人，創造性越強；悟性好的人，理解能力也就越強。由此可知，悟性就是我們每個人的深層次智慧；我們每個人都有悟性、靈感和才華，只有發現它、珍惜它，它就會爲我們的人生綻放光華。

5 保護好那顆充滿好奇的心

相信很多人都有過這樣的經歷：在面對未知事物時，心中略微會有一種不安、自卑，如果此時有人自願、主動幫助你學習、理解這一未知事物，很可能你會保持高度集中的注意力以及極快接納知識的速度，這種對未知事物的注意力以及極快的接納速度就源於對知識的好奇。

心理學中這樣定義：好奇心是個體遇到新奇事物或處在新的外界條件下所產生的注意、操作、提問的心理傾向。它容易被外界刺激物的新異性喚醒。好奇心反映了個體的認知需求，不同的個體面對同樣的認知資訊，會產生不同水準的好奇心，它的強度與個體對相關資訊的瞭解程度有關。

所以，我們需要對知識充滿好奇，永遠保持初學者的心態，即使你已被公認爲大師、教授，面對知識的更新、出現，仍需要保有兒時的好奇心。

愛因斯坦說他之所以取得成功，原因在於他具有狂熱的好奇心。美國學者希克森特．米哈伊在談到好奇心的重要性時，說：「好奇心需要被保護，也許所有的孩子都有好奇心，但這種對事物的好奇是否能保持到成年甚至老年，很難說。」

在劍橋大學，維特根斯坦是大哲學家莫爾的學生，有一天，羅素問莫爾：「誰是你最好的學生？」

莫爾毫不猶豫地說：「維特根斯坦。」

「為什麼？」

「因為，在我的所有學生中，只有他一個人在聽我的課時，老是露著迷茫的神色，老是有一大堆問題。」

羅素也是個大哲學家，後來維特根斯坦的名氣超過了他。

有人問：「羅素為什麼落伍了？」

維特根斯坦說：「因為他沒有問題了。」

達爾文從小就愛幻想，他熱愛大自然，尤其喜歡打獵、採集礦物和動植物標本。他的父母十分重視和愛護兒子的好奇心與想像力，總是千方百計地支持孩子的興趣和愛好，鼓勵他去努力探索，這為達爾文寫出《物種起源》這一巨著打下了堅實的基礎。

有一次小達爾文和媽媽到花園裡給小樹培土。媽媽說：「泥土是個寶，小樹有了泥土才能成長。別小看這泥土，是它長出青草，餵肥了牛羊，我們才有奶喝，才有肉吃；是它長出了小麥和棉花，我們才有飯吃，才有衣穿。泥土太寶貴了。」

聽到這些話，小達爾文疑惑地問：「媽媽，那泥土能不能長出小狗來？」

「不能呀！」媽媽笑著說，「小狗是狗媽媽生的，不是泥土裡長出來的。」

達爾文又問：「我是媽媽生的，媽媽是奶奶生的，對嗎？」

「對呀！所有的人都是他的媽媽生的。」媽媽和藹地回答他。

「那最早的媽媽又是誰生的？」達爾文接著問。

「是上帝！」媽媽說。

「那上帝是誰生的呢？」小達爾文打破砂鍋問到底。媽媽答不上來了。她對達爾文說：「孩子，世界上有好多事情對我們來說是個謎，你像小樹一樣快快長大吧，這些謎等待你去解開呢！」

達爾文七八歲時，在同學中的人緣很不好，因為同學們認為他經常「說謊」。比如，他撿到了一塊奇形怪狀的石頭，就會煞有介事地對同學們說：「這是一枚寶石，可能價值連城。」同學們哄堂大笑，可是他卻並不在意，繼續對身邊的東西發表類似的另類看法。

還有一次，他向同學們保證說，他能夠用一種「秘密液體」，製成各式各樣顏色的西洋櫻草和報春花。但是，他從來就沒有做過這樣的試驗。久而久之，老師也覺得他很愛「說謊」，把他的問題反映到了達爾文的父親那裡。父親聽了，卻不認為達爾文是在撒謊，而是在想像。

有一次，達爾文在泥地裡撿到了一枚硬幣，他神秘兮兮地拿給他的姐姐看，並一本正經地說：「這是一枚古羅馬硬幣。」

姐姐接過來一看，發現這分明是一枚十分普通的十八世紀的舊幣，只是由於受潮生銹，顯得有些古舊罷了。對達爾文「說謊」，姐姐很是惱火，便把這件事告訴了父親，希望父親好好教訓他一下，讓他改掉令人討厭的「說謊」習慣。可是父親聽了以後，並沒有在意，他把兒女叫過來說：「這怎麼能算是撒謊呢？這正說明了他有豐富的想像力。說不定有一天他會把這種想像力用到事業上去呢！」

達爾文的父親還把花園裡的一間小棚子交給達爾文和他的哥哥，讓他們自由地做化學試驗，以便使孩子們的智力得到更好的發展。達爾文十歲時，父親還讓他跟著老師和同學到威爾士海岸去渡過三周的假期。達爾文在那裡大開眼界，觀察和採集了大量海生動物的標本，由此激發了他採集動植物標本的愛好和興趣。

沒有好奇心，沒有想像力，就沒有今天的進化論。而達爾文的父母最成功之處就在於特別注意愛護兒子的想像力和好奇心。

大部分人隨著年齡的增長、知識的增多，不再像兒時那樣對周圍環境存有新奇感。小時候我們認爲周圍的一切很神秘，總會有些出乎意料的事物等待我們去觀察、探索、詢問、操作或擺弄。然而隨著時間的流逝，很多人不再對周圍事物懷有探索、詢問的心理。

人只有對事物永遠充滿好奇，才能始終保持一種初學者的心態，如饑似渴地吮吸知識中的營養成分，進而獲取極大的進步。

6 要什麼完美，你就是最好的

生活中總是充滿著不完美，它偶爾像烏雲，有時甚至像電閃雷鳴、狂風暴雨。我們總會遭遇，不能逃脫，而我們該如何面對這樣的不完美呢？

任何的不完美都讓人沮喪，幾乎是無法避免的。有些人因爲自身的不完美而感到羞恥，而怨恨上天的不公平。故事中的小女孩就是這樣，她爲自己臉上的胎記而感到羞恥，感到抬不起頭。她心中必定是充滿怨恨的，怨恨一切有著美麗臉龐的人。但這種羞恥又能帶來什麼呢？除了讓我們自己厭棄自己，再沒有其他。而這也只能在我們本身已經痛苦的基礎上又加了一層痛苦。

羞恥心是人應該有的，但卻不應該爲自己的不完美，尤其是與生俱來的不完美而羞恥。我們應該以沒有向完美努力而羞恥，應該以自己的怨天尤人而恥辱。

達到十全十美只能是人們的願望，世上沒有十全十美的東西，總有些不如意的情況伴隨而來。但不完美永遠只能是瑕疵，它不可能登堂入室取代美好的感覺。其實這僅僅是一種心態問題，如果你因爲一件事稍微不完美，便感到惋惜，這本身無可厚非。但不去享受成功的喜悅，卻一味地糾結於瑕疵的懊惱，那麼便是自討苦吃了。這無異於將缺點無限放大，而令自己痛苦不堪。

完美主義者總是十分高要求地對待每一件事。一方面，這是令事情做得更加出色的動力；但另一方面，卻也是危險的信號。無法接受缺憾的存的，就像一個幻想主義者，永遠只能被自己所束縛，無法體會生活的驚喜。

彼得是美國職業橄欖球隊員，他曾經效力過許多球隊，並且每次都能神奇地帶領球隊取得傲人的成績。

在他退役的晚宴上，一位記者問道：「彼得先生，在你的職業生涯中曾經取得多次輝煌的戰績，但有沒有什麼令你感到遺憾的？」

彼得談笑風生地說：「當然有，我又不是上帝。」

記者饒有興致地問道：「那你是否為此而自責呢？」

彼得知道這位記者實際上是有備而來，因為很多人都知道他當年在洛杉磯球隊服役時，曾經在關鍵時刻失誤，而使球隊與聯賽冠軍失之交臂。雖然這件事過去了很久，但每次談及他時，都會被球迷津津樂道。

彼得卻十分大度地說：「你想說的是我在洛杉磯球隊的那個賽季的事嗎？以前每次被問及此事時我都刻意回避，那是因為經紀人考慮到我的形象而為我設計的策略。但現在我退役了，說說也無妨。其實在當時我的確有些自責，但這件事對我的影響並沒有如大家猜想的那麼嚴重。雖然這是第一次重大失誤，可哪個運動員的一生又是完美無缺的呢？如果有一天我得了老年癡呆症，那麼我想唯一記得的便是那次特殊的經歷。因為這樣我的人生才真正完美了。」

記者又問：「你是說你把這次失誤當成一次美好的回憶嗎？」

彼得想了想說：「也不能算是美好的回憶吧，畢竟這事讓我懊惱了好一陣子。但卻是最難忘的記憶。」

沉默片刻，彼得又補充道：「現在每次回憶起來，我非但不會懊惱，反而認為這是豐富我人生的一劑添加劑！」

追求完美的人是對生活態度的極致要求，也是對成功欲的極致體現。渴望成功，渴望成功帶來的滿足感是人與生俱來的品質。但任何事情都有個限度，一味地追求完美，追求勝利的步伐，便很容易忘記勝利背後真正的含義。我們所做的一切，說白了無非是讓自己體會快樂、充實和滿足感。成功也好，完美也罷，都是爲了體味幸福。

人無完人，金無足赤。當我們因爲一次過錯而令事情產生瑕疵時，需要提醒自己：瑕疵也是一種美。我們可以爲自己總結，讓下一次不再出現同樣的錯誤。但不應該爲此而感到萬分糾結，以至於沉迷其中不可自拔。與其被追求完美的欲望所牽累，不如改變墨守成規的想法，接受不完美的存在。把不完美當作一種另類的幸福體驗，生活不是更加美好嗎？

7 不畏過去，不懼將來

每個人的心裡都藏著一個名叫「恐懼症」的魔鬼，它經常會在你不注意的時候偷襲你，讓你對這個世界充滿恐懼之情，面對這樣一個魔鬼，我們如何才能戰勝心中的恐懼？

一個平凡的上班族麥克．英泰爾，在三十七歲那年做了一個瘋狂的決定，放棄他薪水優厚的記者工作，把身上僅有的三塊多美元捐給街角的流浪漢，只帶了乾淨的內衣褲，由陽光明媚的加州，靠搭便車與好心的陌生人幫助橫越美國。

他的目的地是北卡羅萊納州的恐怖角。

這是他精神快崩潰時作的一個倉促決定。某個午後他忽然哭了，因為他問了自己一個問題：如果有人通知我今天死期到了，我會後悔嗎？答案竟是那麼肯定。

雖然他有不錯的工作，有美麗的女友，有至親好友，但他發現自己這輩子從來沒有下過什麼賭注，平順的人生沒有高峰或谷底。

他為自己懦弱的前半生而哭。一念之間，他選擇了北卡羅萊納州的恐怖角作為最終目的地，藉以象徵他征服生命中所有恐懼的決心。

他檢討自己，很誠實地為自己的恐懼開出一張清單：打小時候他就怕保姆、怕郵差、怕鳥、怕貓、怕蛇、怕蝙蝠、怕黑暗、怕大海、怕城市、怕荒野、怕熱鬧又怕孤獨、怕失敗又怕成功、怕精神崩潰……他無所不怕，卻似乎「英勇」地當了記者。

但他成功了，四千多英里，沒有接受過任何金錢的饋贈，在雷雨交加中睡在潮濕的睡袋裡；也有幾個像公路分屍案殺手或搶匪的傢伙使他心驚膽戰；在遊民之家靠打工換取住宿；住過幾個陌生的家庭……他終於來到恐怖角。

恐懼角到了，但恐怖角並不恐怖。原來「恐怖角」這個名稱，是由一位十六世紀的探險家取的，本來叫「Cape Faire」，被訛寫為「Cape Fear」。只是一個失誤。

麥克終於明白：「這名字的不當，就像我自己的恐懼一樣。我現在明白自己一直害怕做錯事，我最大的恥辱不是恐懼死亡，而是恐懼生命。」

在人生的道路上，許多人因害怕失敗而不敢「輕舉妄動」。這種恐懼的心理，使許多人喪失了成就未來的大好時機。

有一處地勢險惡的峽谷，澗底奔騰著湍急的水流，而所謂的橋則是幾根橫亙在懸崖峭壁間光禿禿的鐵索。

一行四人來到橋頭，一個盲人、一個聾子，以及兩個耳聰目明的正常人。四個人一個接一個抓住鐵索，凌空行進。

結果呢？盲人、聾子過了橋，一個耳聰目明的人也過了橋，另一個則跌下深淵失去性命。

難道耳聰目明的人還不如盲人、聾人嗎？

是的！他的弱點恰恰源於耳聰目明。

盲人說：「我眼睛看不見，不知山高橋險，心平氣和地攀索。」

聾人說：「我耳朵聽不見，不聞腳下咆哮怒吼，恐懼相對減少很多。」

那個過了橋的耳聰目明的人則說：「我過我的橋，險峰與我何干？激流與我何干？只管注意落腳穩固就夠了。」

佛說：「擔心做出愚蠢的事，本身就是最愚蠢的事。喪失錢財，損失不大；喪失名譽，損失不小；喪失健康，損失慘重；喪失勇氣，一無所有。我們心中的恐懼永遠比真正的危險巨大得多。」

只有衝出來的精彩，沒有等出來的輝煌

作者： 羅金
發行人：陳曉林
出版所：風雲時代出版股份有限公司
地址：10576台北市民生東路五段178號7樓之3
電話：(02) 2756-0949
傳真：(02) 2765-3799
執行主編：朱墨菲
美術設計：許惠芳、吳宗潔
行銷企劃：邱琮傑、張慧卿、林安莉
業務總監：張瑋鳳

初版日期：2017年10月
版權授權：馬鐵
ISBN ：978-986-352-503-5
風雲書網：http://www.eastbooks.com.tw
官方部落格：http://eastbooks.pixnet.net/blog
Facebook：http://www.facebook.com/h7560949
E-mail：h7560949@ms15.hinet.net
劃撥帳號：12043291
戶名：風雲時代出版股份有限公司

風雲發行所：33373桃園市龜山區公西村2鄰復興街304巷96號
電話：(03) 318-1378
傳真：(03) 318-1378
法律顧問：永然法律事務所 李永然律師
北辰著作權事務所 蕭雄淋律師

行政院新聞局局版台業字第3595號 營利事業統一編號22759935

定價 ：280元

國家圖書館出版品預行編目資料

有衝出來的精彩,沒有等出來的輝煌 / 羅金著.
-- 初版. -- 臺北市：風雲時代, 2017.09
面； 公分
ISBN 978-986-352-503-5(平裝)
1.成功法 2.自我實現
177.2 106012676